RESEARCH ON
COAL PRICE VOLATILITY AND
TRANSMISSION EFFECT IN CHINA

中国煤炭价格波动及其传导效应研究

朱美峰◎著

经济管理出版社
ECONOMY & MANAGEMENT PUBLISHING HOUSE

图书在版编目（CIP）数据

中国煤炭价格波动及其传导效应研究/朱美峰著. —北京：经济管理出版社，2017.7
ISBN 978-7-5096-5139-1

Ⅰ. ①中…　Ⅱ. ①朱…　Ⅲ. ①煤炭价格—物价波动—研究—中国　Ⅳ. ①F426.21

中国版本图书馆 CIP 数据核字（2017）第 126713 号

组稿编辑：陈　力
责任编辑：陈　力　周晓东
责任印制：黄章平
责任校对：雨　千

出版发行：经济管理出版社
（北京市海淀区北蜂窝 8 号中雅大厦 A 座 11 层　100038）
网　　址：www.E-mp.com.cn
电　　话：（010）51915602
印　　刷：北京玺诚印务有限公司
经　　销：新华书店
开　　本：710mm×1000mm /16
印　　张：12.75
字　　数：180 千字
版　　次：2017 年 7 月第 1 版　　2017 年 7 月第 1 次印刷
书　　号：ISBN 978-7-5096-5139-1
定　　价：42.00 元

摘　要

能源价格波动直接或者间接作用于国民经济各个行业，并对物价水平产生不容忽视的影响。近年来煤炭在中国能源消费中所占比例呈小幅下降趋势，但整体仍处于较高水平。截至2014年底，原煤在中国一次能源消费中所占比例为64.2%。目前中国尚未建立有效的能源价格预测体系，能源价格波动给经济发展带来的风险无法合理规避。煤炭作为中国能源消耗的重要组成部分，其价格波动会带来经济社会物价水平不稳定、产品生产成本波动、微观企业利润受损等负面影响，从而严重影响经济发展的稳定性。

本书围绕煤炭价格波动及其传导效应，从四个方面展开研究：

（1）煤炭价格影响因素分析。从微观、宏观以及理性预期角度分别对煤炭价格影响因素进行分析。微观影响因素包括供给与需求、替代品、技术水平、煤炭期货等；宏观影响因素包括经济发展水平、政府宏观调控、利率、货币供应、政策环境等；理性预期影响通过经济景气度指数予以分析。

（2）煤炭价格波动特征分析。从煤炭价格长期变动趋势以及周期性波动、煤炭价格波动是否存在结构性断点、煤炭市场的集成度等角度勾勒并揭示了中国煤炭价格波动特征。应用HP滤波方法对煤炭价格波动的长期趋势和周期性进行分离，分析认为，煤炭价格波动的长周期约为14年。应用结构性断点分析方法，研究了煤炭价格长期波动的特征，研究发现，没有足够理由表明样本期内中国煤炭价格波动存在结构性断点；应用协整理论分析了中国煤炭市场集成度，通过其收敛性表示煤炭市场的有效性，研究认为，中国不同煤炭市场之间的价格差异比较稳定，市场的集成度较好。

（3）煤炭价格未来走势预测分析。考虑到中国进行煤炭价格预测分析的理论意义和现实意义，分别用不同方法预测煤炭价格走势。卡尔曼滤波算法对煤炭价格跟踪以及预测能力较强，故将卡尔曼滤波算法引入中国煤炭价格短期预测研究领域，取得了较好研究结果，煤炭价格预测值的协方差控制在［1.4621e-4，0.2643］内，保障了预测精度的稳定性；灰色预测模型在数据质量较差情况下，对煤炭价格中长期预测具有明显优势，故采用灰色理论对煤炭价格进行中长期预测分析。中长期预测研究结果显示，在其他条件不变情况下，2015年第一季度到2016年第一季度，煤炭价格下跌约15.81%。

（4）煤炭价格传导效应分析。首先，对煤炭价格波动的传导机制进行定性分析。其次，利用投入产出价格模型，结合煤炭价格走势预测研究的实证结果，对煤炭价格变动在三个产业中产生的即时影响做了定量分析。研究认为，煤炭价格波动对第二产业的影响最大，其次是第三产业，对第一产业影响最小。若煤炭价格波动100%，则第一、第二、第三产业物价水平分别随之波动约0.056%、4.715%、0.170%。最后，利用VAR模型对煤炭价格波动在电力工业、冶金工业、化学工业、建材工业以及农业和服务业中产生的影响做了时滞性分析。研究认为，煤炭价格波动对宏观经济物价水平影响时间约为2年；对电力工业、冶金工业、化学工业、建材工业的物价水平影响时间大部分约为18个月；对农业物价水平影响时间约为12个月；对服务业物价水平影响时间约为6个月。

本书提出煤炭价格波动系统论研究方法。从煤炭价格影响因素、波动特征、未来走势和传导效应角度对煤炭价格波动进行了详细分析，构建了煤炭价格波动研究有机整体，避免了片段式研究的局限性。在理论研究方面，本书从短期预测和中长期预测角度对煤炭价格未来走势进行实证研究；以煤炭价格传导机制定性分析为基础，采用数理统计方法对煤炭价格波动传导的即时性和时滞性做了定量分析。本书对能源价格理论发展提供了补充，具有一定的理论意义。在实践应用方面，探讨了煤炭价格的波动特征，对煤炭价格未来走势进行了预测分析。应用卡尔曼滤波算法和灰色理论建立的预测模型对样本数据要求较少，实用性较强，能够在实践中获得应用及推广，具有一定现实意义。

关键词：煤炭价格　运行特征　价格波动　预测　传导效应

目　录

第一章
绪 论

一、研究背景和意义

（一）研究背景

能源是经济发展的主要动力之一。改革开放以来，中国经济快速发展，取得了巨大成就。随着经济的快速发展，能源消费大幅度上升，能源约束已成为制约中国经济发展的重大问题。目前中国已经成为石油和煤炭的净进口国，国民经济发展面临能源短缺的桎梏；同时，中国尚未建立有效的能源价格预测体系，对能源的价格预期缺乏准确判断，能源价格波动带来的损失只能被动接受。能源价格传导是一个复杂的过程，不同能源的价格传导机理和方式各不相同，同一能源价格波动对不同行业的影响差异也比较大。

能源价格波动给经济发展带来一定风险。能源行业是其他行业的上游产业，为下游产业提供原料供应，对经济社会影响面之广是其他行业所无法比拟的。能源的市场价格主要由供给和需求决定，但由于能源行业的特殊性，能源价格更易受经济、社会、政治等各方面因素变动的影响。因此，大幅度的能源价格波动，特别是石油和煤炭价格的波动，对国民经济的稳定运行带来较大的负面影响。能源价格的大幅上升会导致下游产业生产成本的上涨，从而可能诱发社会层面的物价上涨，导致成本拉动型通货膨胀发生，阻碍经济持续稳定发展。反之，能源价格大幅下降，则使能源供给减少，能源需求在一定时期内将得不到充足保证。能源供需的失衡是经济发展出现波动的重要原因之一。目前中国能源供给很大部分依赖进口，一方面，中国能源人均占有量远低于世界平均水平，能源需求量巨大，国际能源价格的波动对国内经济的影响是直接而巨大的；另一方面，煤炭进口价格相对低廉，刺激了国内企业煤炭进口热情。为降低能源价格波动给国民经济造成的巨大危害，最大限度地保障各经济主体的利益，较为有效的办法是对能源价格进行合理有效的预测，把握能源价格走势，在此基础上厘清能源价格传导路径、影响程度以及影响时效，从而建立有效的风险规避机制。

2014 年，原煤在中国一次能源消费中占比约为 64.2%，因此把握煤炭价格未来走势，并对煤炭价格传导效应进行深入分析，是建立规范有效的能源价格预测体系以及风险规避机制的重要环节。

（二）研究意义

本书主要在煤炭价格未来走势分析基础上，研究煤炭价格传导效应，其涉及多学科交叉理论和方法，具有重要的理论意义和现实意义。

能源价格理论研究一直以石油价格理论研究为主，煤炭价格波动整体性研究文献较少。本书在借鉴其他能源价格研究文献基础上，对煤炭价格波动特征进行了深入研究，首先，对煤炭价格波动的整体特征进行分析，研究了中国煤炭价格波动的长期趋势和周期性，论证了煤炭市场的有效性、煤炭价格波动的收敛性等特征。其次，在理论分析基础上，采用卡尔曼滤波算法和灰色理论算法，通过 Matlab 软件，综合考虑煤炭价格样本数据的特征，对其价格走势进行预测分析。最后，从分类角度对煤炭价格传导效应进行研究，选用投入产出价格模型对煤炭价格变动的即时传导效应和程度作定量分析，选用 VAR 模型分析了煤炭价格波动传导效应的时滞性，较为全面地分析了煤炭价格波动的传导效应。本书交叉运用了能源经济学、价格理论、决策科学、预测理论、发展经济学等诸多经济理论，特别是这些学科的综合集成和应用研究，涉及计量经济学、数理统计学、预测方法等研究前沿和难点，比较系统地研究了煤炭价格波动的特征、未来走势以及传导效应，对能源价格研究理论给予较好的补充和完善，对中国能源发展战略调整和能源政策制定提供理论支持，并促进了价格理论与价格预测理论在能源经济管理以及相关政策研究中的应用。

中国经济发展对煤炭的依赖性较大，目前中国是化石能源净进口国，国际和国内两个市场能源价格的波动，都会给中国经济的稳定运行造成巨大影响，把握煤炭价格走势以及深入了解煤炭价格传导效应对中国经济发展具有重要意义。煤炭价格未来走势预测研究有助于对煤炭价格走势形成合理预期，最大限度规避煤炭价格波动给经济带来的潜在风险。本书选用的煤炭价格时间序列预测方法，强调了历史煤炭价格数据本身特性，对数据的整体要求较低，模型的适用性强，具有较高的借鉴和应用价值。而对煤炭价格传导效应的定性和定量研究，则有助于政府以及企业决策层深入了解煤炭价格波动的影响和程度，从而在煤炭行业政策制定以及煤炭企业发展战略调整方面提供理论支持。

二、国内外研究综述

能源行业在经济发展中具有特殊地位，能源行业能否健康发展显著影响一个国家经济发展的稳定性。因此，对能源价格波动的研究具有积极意义：宏观方面，有助于宏观调控政策制定，维护经济社会稳定发展；微观方面，有助于企业调整经营策略，尽量避免能源价格波动带来的冲击。近年来，化石能源在经济领域、生态领域的位置愈加突出，对其研究也日益深入。国内外专家学者对能源价格进行了大量研究，但研究对象仍以石油为主。由于能源价格波动具有一定的相似性，因此，石油价格波动的相关成果能够被借鉴到煤炭价格波动研究中。下面主要介绍国内外学者对能源价格波动方面的研究成果，主要从能源价格波动特征、能源价格传导及影响、能源价格预测研究三个角度进行梳理。

（一）能源价格波动特征研究

能源对经济发展的进程起至关重要作用，与其他商品相比，能源价格波动相对较大。随着世界能源市场一体化程度的提高，能源价格大幅度波动给各经济体的发展带来了一定的潜在风险。近年来，对能源价格波动特征的研究主要表现在能源产品与其他商品价格波动的比较研究、能源价格波动平稳性和收敛性研究等方面。下面对其研究成果进行总结。

1. 能源价格波动性研究

受国外能源消费结构影响，国外学者分析能源价格运行特征以石油价格波动性为主，直接对煤炭价格波动特征进行研究的文献较少。

能源产品具有重要的经济地位，与普通商品相比，其价格波动更频繁，波动幅度也较大。在能源产品价格与其他商品价格波动比较研究方面，Fleming 和 Ostdiek（1999）、Verleger（1993）研究表明，1973 年石油经济危机之后，石油价格波动远胜于其他大部分商品价格；Plourde 和 Watkins（1998）发现，1985~1994 年的原油价格波动性高于其他 9 种产品的价格，且这种价格波动性差异的显著程度较高；Clem（1985）分析表明，1975~1984 年原油产品以及煤炭价格波动性低于未加工非食用材料价格，同时基础金属价格波动高于化石能源价格的波动；Van Soest 等（2000）建立了理论模型研究，强调能源不确定以及不可逆的投资特性，由于这些特性，模型在能源价格较高或者处于涨价趋势和能源价格较低情况下，提出了替代能源相对价值弹性以及技术进步率的假设条件，分析认为，能源价格存在阈值效应。能源价格处于高位或者低位，只要阈值效应存在，将有不同的市场行为出现。Regnier（2007）以 1945 年 1 月至 2005 年 8 月的月度能源生产者价格为样本数据对其波动性进行分析，实证分析表明，能源价格波动性高于 95%的国内产品价格。在原油大宗商品中，原油价格波动性高于65%的其他产品价格。

由于一些具有结构性断点的趋势，稳定序列经常被错误地判断为不稳定序列，因此能源价格波动稳定性方面的研究逐渐增多。结构性断点的研究有利于更清楚了解价格波动的特征。在能源价格结构性断点研究方面，Bosworth 和 Lawrence（1982）、Chu 和 Morrison（1984）等对石油以及非石油基本商品价格的上涨进行研究认为，重大事件的冲击使得石油等商品价格运行轨迹发生变化，导致结构性断点的出现。Enoch 和 Panic（1981）、Labys（1993、1995）等对价格波动序列中的结构性断点予以定量分析，确认了结构性断点的存在。Lumsdaine 和 Papel（1997）对天然气价格和石油价格关系进行研究认为，石油价格上升，则天然气价格会随之快速上升；石油价格下降，天然气价格会缓慢随之下降；同时认为，1985~1998年的每日汽油价格与原油价格之间存在误差修正机制，美国城市的能源价格是收敛的，且长期运行过程中存在两个结构性断点。

国内以能源价格波动特征为直接研究对象的文献较少，林伯强（2007）在国内外石油价格形成机制及其动因分析基础上，对国内外石油价格波动性进行研究认为，石油价格波动具有集聚性、持续性和风险“溢出效应”；李畅等（2007）认为，石油价格长期走势由基本的供求关系等决定，突发性事件只会影响石油价格的短期波动；程雪婷等（2005）通过对国际石油价格中的奇异进行分析，证明其具有分形结构，且对初始条件具有敏感性依赖，认为国际石油系统是远离平衡状态的非线性系统；郭白滢和雷强（2014）认为，煤炭市场化改革推动了煤炭价格波动幅度的加大，研究表明，2012年之后我国煤炭市场活跃度明显提高，市场价格对于价格单项偏差的矫正能力增强，煤炭市场的有效性显著提升。

2. 能源市场一体化研究

在国外学者关于能源以及能源价格研究中，全球能源市场是否是统一经济体成为其研究重点，对能源市场一体化的研究大部分以不同能源市场价格为样本数据，主要使用协整分析方法进行分析。

煤炭体积较大，煤炭运输成本相应较高，因此不同的地理区域形成各自的独立煤炭市场，而随着海上运输的快速发展等因素，不同地理位置的煤炭市场之间存在联系。根据 Ellerman（1995）以及 International Energy Agency（1997）的研究，美国就是不同煤炭市场之间的连接点；据 Humphreys 和 Welham（2000）的研究，南非是这个连接点；Warell（2006）认为澳大利亚是这个连接点；King 和 Cuc（1996）通过研究不同市场煤炭价格的收敛性，对国际煤炭市场的一体化进行分析；Li、Joyeux 和 Ripple（2010）选取动力煤出口国（澳大利亚、中国、哥伦比亚、印度尼西亚、波兰以及南非）1995 年 1 月至 2007 年 7 月的动力煤价格面板数据，采用协整分析方法对国际动力煤市场的一体化程度进行研究，应用卡尔曼滤波检验国际动力煤价格的收敛性，研究结果表明，通常情况下国际动力煤市场是一个统一的整体；Ewing 和 Harter（2000）研究了国际原油市场价格的交叉关系，对 1974~1996 年时间段内，从阿拉斯加北坡到英国布伦特原油的单变量和多变量月度石油价格的时间序列进行定量分析，研究结果显示，两个地区的石油价格是随机游走过程，拥有共同的市场价格长期发展趋势，即两个石油市场的一体化趋势明显。

国内对能源市场一体化以及能源价格波动的收敛性研究较少。

（二）能源价格传导及影响研究

1. 能源价格波动对经济的影响

国外能源消费格局以石油为主，对能源价格传导机制及影响的研究对象大部分是石油，研究重点为石油价格波动对经济产生的影响以及能源价格之间的关系。西方国家的经济发展对石油依赖性较大，国外学者对石油价格波动与经济关系的研究观点主要有两大类：石油价格波动对经济发展产生负面影响；石油价格上涨与通货膨胀。

Burbidge 等（1984）应用 VAR 模型对 OPEC 国家石油价格上涨带来的影响进行了研究。Lee 等（1995）研究发现，油价稳定的经济环境和油价波动频繁的经济环境相比，前者的油价波动给 GDP 带来的影响显著高于后者。石油价格的变化反映了无法预期和可以预期因素的影响，通过不同样本期的实证分析认为，石油价格能解释经济增长，且石油价格上涨会对经济产生显著影响，而石油价格下降则不会给经济带来明显的变化。Peter

Ferderer（1997）认为，石油价格受到的外部冲击会导致石油价格升高和波动程度加大，对宏观经济产生负面影响，并从实证角度计算了石油价格的标准差，石油价格变动率与国民产出增长率之间存在的部分不对称性能够通过宏观经济对石油价格波动的反应来解释。Humphreys 和 McClain（1998）对能源价格波动给美国宏观经济带来的风险进行研究，将金融领域的证券投资组合理论应用到能源消费研究领域，认为能源组合消费能够降低能源价格波动给国民经济带来的不确定性风险。Olli Tahvonen 和 Seppo Salo（2001）研究了不同的发展阶段能源消费与 GDP 之间的关系呈现倒“U”形，而能源价格对经济增长的影响通过能源消耗间接实现。Abeysinghe（2001）采用贸易比例矩阵方法分析石油价格对经济增长的影响，认为由于石油价格间接作用的存在，像印度尼西亚和马来西亚这样的石油净出口国也会受到石油价格上涨对经济发展带来的负面影响。Cuñado（2003）选择了 1960~1999 年欧洲 14 个国家石油价格季度数据作为分析样本，对石油价格波动及其与经济的关系进行研究，认为石油价格波动对通货膨胀产生持久影响，而对经济的产出增长率产生短期动态影响。研究表明，石油价格波动产生的影响在欧洲不同国家之间各不相同。Hamilton（2005）以 1949~1980 年的 GDP 增长率为因变量，以 GDP 滞后量和石油价格取对数后的滞后量为自变量进行回归分析认为，第二次世界大战以来美国经济 90%的衰退是由油价波动引起的。Kilian（2008）通过对 G7 经济体石油产品外部冲击与经济增长关系分析认为，石油供给中断会引起暂时性的 GDP 增长率下降，这种衰退在冲击出现的第二年尤为明显。同时石油产品的这种外部冲击对通货膨胀的影响会在之后的第三季度和第四季度达到峰值。Lutz Kilian（2007）认为，能源价格的大幅波动对美国经济的总产出、通货膨胀以及股票市场等均有较大影响，并分析了能源价格波动对经济的影响机制。Park 和 Ratti（2008）以美国和挪威等欧洲 13 个国家 1986 年 1 月至 2005 年 12 月石油价格和股市收益率的月度数据为研究对象分析石油价格波动与股票市场关系认为，石油输出国油价上涨会显著导致股市收益的上升。通过方差分解分析表明，从统计意义角度看，6%的股市收益波动由石油价格波动引起，且石油价格上涨会导致股市收益的下降。

国内关于能源价格波动对经济产生影响的研究文献较多，研究重点主要体现在能源价格波动对宏观或中观层面物价水平的影响、能源价格波动与宏观经济变量以及经济增长关系等方面。

能源价格波动对物价水平的影响研究，主要分析能源价格波动对部分行业物价水平的影响程度；但也有研究在分析能源价格传导机制后认为，能源价格波动不会对中国物价水平产生显著影响。孙稳存（2007）分析认为，中国能源价格上升 10%，当年的通货膨胀率约上升 0.29%，价格水平上升 0.35%。林永生（2008）研究了能源价格上涨对中国企业、居民和政府主体的影响及其传导机制，认为中国能源价格形成机制尚未完全市场化，能源价格波动对中国物价水平的影响不明显。吴翔等（2009）研究了国际原油价格波动对中国物价的影响以及传导机制，实证结果表明，国际原油价格波动对 CPI 有直接影响，也是 PPI 的格兰杰原因。林伯强等（2009）运用投入产出模型模拟了能源价格上涨带来的一般价格水平上涨幅度，结果显示，能源价格上涨在第一个月后就会影响 PPI，对 CPI 的影响较小。林伯强（2010）对国际石油价格和国内煤炭价格走势以及国内煤炭价格与通货膨胀的关系进行分析，认为国际石油价格上涨导致国内煤炭价格上升，从而引起通货膨胀。高文静等（2010）应用投入产出模型对煤炭价格传导机制进行分析，以 5 个典型行业为例做了相关的实证分析。张华明等（2010）对煤炭价格形成机制中存在的问题进行研究，认为存在煤炭开采权价款失效、税费重叠、交易制度简单、交易区域分布不合理等问题，对煤炭价格形成机制进行分析并提出相应的政策建议。赵国浩等（2011）对煤炭价格波动给国民经济带来的不利影响进行分析，基于价格预警理论建立了煤炭价格检测预警指标体系。张欢等（2011）通过向量自回归以及结构向量自回归模型对能源价格波动影响进行分析，研究结果表明，在短期内能源价格水平主要受其滞后值的影响，短期以及长期影响分析显示，能源价格水平上涨均会带来居民消费水平的上涨。丁志华等（2013）通过协整分析和误差修正模型对煤炭价格与物价水平的关系进行分析，用脉冲响应函数以及方差分解对影响程度以及时滞进行了动态分析，研究结果表明，二者之间存在长期均衡关系，具体来看，煤炭价格对于 PPI 短期影响较大，对 CPI 影响相对较小。

能源价格波动对宏观经济变量以及经济增长关系研究方面。何晓群等（2002）应用一般均衡模型对世界石油价格上涨对中国经济影响进行分析，定量分析中国石油价格与世界油价接轨情况下，若无政府干预，世界油价每上涨 10%，中国 GDP 总量下降约 0.1%。刘强（2005）运用商业周期范式的两部门混合经济模型，研究了石油价格波动对中国经济变量产生影响的传导机制，得到了商品供应、部门产出、GDP、就业、要素报酬、要素收入等经济变量对石油价格波动的比较静态效应。杨柳等（2006）对中国能源价格变动与通货膨胀关系进行分析认为，GDP、能源价格以及通货膨胀率之间存在长期均衡关系，但是短期内能源价格变动对经济增长存在负向冲击。杭雷鸣等（2006）通过 1985~2003 年的数据，对能源价格、制造业以及能源强度的关系进行分析，实证结果表明，能源价格上涨对于降低能源强度有积极贡献，认为提高能源价格是改善能源效率的有效政策工具。李薇（2008）分析了国际石油价格影响中国宏观经济的传导机制，从通货膨胀效应等 6 个渠道进行了详细分析。林伯强等（2008）对石油与煤炭价格上涨给中国经济造成的影响进行分析，运用可计算一般均衡的方法，将煤炭与石油价格上涨的影响程度做了对比，认为能源价格上涨对中国经济具有紧缩作用，并将推动产业结构变化，实证分析表明，煤炭价格上涨的紧缩作用是石油价格上涨紧缩作用的 2~3 倍。杨洋等（2008）对中国能源强度的影响因素进行实证分析，认为能源价格的提高能促进能源强度下降，有利于推动产业结构调整，以及推动能源价格体系的建立。姜智敏（2009）提出了建立煤炭价格形成机制的基本思路并对构建煤炭价格体系提出政策建议。段治平等（2010）分析了中国煤炭价格传导机制及路径，利用投入产出分析模型测算了煤炭价格波动的影响。林永生等（2010）分析了石油价格波动对中国经济发展产生的影响，认为石油价格上涨改变了居民的能源消费结构，同时会带来严重的产能闲置、能源产品贸易逆差扩大等问题。成金华等（2010）分析认为，经济结构、技术进步和能源市场化改革是影响中国工业化进程的重要因素，其中能源价格是提高能源效率的有效激励机制。原鹏飞等（2011）利用 CGE 模型，研究了能源价格上涨情景下中国能源消费与经济增长的综合波动特征，认为能源价格上涨虽然使得除进口外GDP、出口、就业等下降，物价水平上涨，但却能够在一定程度上降低能源强度并优化产业结构。罗世兴（2013）对国内动力煤价格波动及其对经济增长产生的冲击进行分析认为，动力煤价格波动与经济增长、消费、进口与出口在滞后弹性与传导强度上存在显著的非对称性，经济增长对动力煤价格的滞后弹性为-0.11，传导强度为18.18%；动力煤价格对经济增长的滞后弹性为2.41，传导强度为3.92%。

2. 不同能源价格之间的相互影响及联系

能源价格波动不仅对其他经济变量产生较大的影响，在能源体系内部也会产生类似影响，如石油价格、煤炭价格、天然气价格以及其他新能源价格波动彼此之间存在相互影响和联系。

国外学者分析认为，能源价格之间存在相关关系。Borenstein 等（1997）研究表明，每个时点的零售汽油价格在石油价格上涨时反应灵敏，而在石油价格下降时反应不敏感；认为导致这种变化非对称性的原因是汽油生产或存货调整的滞后性以及市场调节的作用。Radchenko（2005）分析了天然气价格对石油价格上下波动的不对称反应，证明了同样的结论。Bachmeier 等（2003）通过1985~1998 年汽油和石油价格的日数据建立误差修正模型，研究结果并不能证明石油价格变化与汽油价格变化之间的非对称性，这与 Borenstein 等（1997）研究结果不同，原因在于样本数据和检验方法选择的差异性。Asche 等（2006）将 1995~1998 年英国天然气放宽管制时期的天然气价格、石油价格和电力价格作为研究对象，检验能源价格变化是否存在联系，实证分析表明，不同能源共同组成了能源消费市场，且不同能源消费存在一定的替代性。Brown 和 Yücel（2008）以美国天然气价格和北美电网电价为研究对象，通过协整检验研究了二者之间的关系，揭示了美国的天然气和电价在长期波动中具有协整关系。Bachmeier 和 Griffin（2010）根据在石油、煤炭、天然气价格同时出现峰值的情况研究三者之间的关系，应用 5 种不同的石油价格日数据分析表明，世界石油市场是一个单一且高度一体化的经济体。通过横跨美国的 5 个交易地点提供的煤炭价格日数据分析表明，煤炭价格之间是协整的，但协整的程度比较弱，特别是西部和东部煤炭价格的协整性更差；研究表明，石油、煤炭和天然气价格之间的协整关系较弱。

国内关于能源价格之间关系的研究主要集中在石油价格、煤炭价格、电力价格之间关系的研究。大部分文献认为，区域内能源价格之间存在紧密联系。戴平生（2004）研究了煤炭价格与电力价格的关系，认为煤炭价格变动在不同时期对电力价格的作用是不同的，煤炭价格变动通过电价的波动反映，引起消费者能源消费结构和电力行业产业结构的变化。张晓军等（2009）对国际原油价格和中国煤炭价格之间的关系进行研究，分析认为能源产品具有一定的替代性，国际原油价格与中国煤炭价格之间存在长期均衡关系，实证结果表明，国外原油价格变化是国内煤炭价格变动的格兰杰原因。杨彤等（2009）应用复杂网络研究方法，构建了涉及 76 个产业的价格传导网络模型，分析认为煤炭行业价格传导的强度弱于电力行业价格传导强度。何琬等（2011）对石油价格与煤炭价格之间的关系进行研究，研究结果显示，二者之间存在正相关关系；通过 BEKK-MGARCH 模型分析认为，石油价格、煤炭价格之间存在双向非对称价格溢出效应。王世进（2012）对国际能源价格与中国能源价格的关系进行分析，通过 VaR、ACC-GARCH 模型对二者之间的长期关系以及双向波动溢出效应进行研究，研究表明，短期内国际能源对中国能源价格有着单向引导关系。张志杰和罗世兴（2013）分析认为国外石油价格是国内煤炭价格的格兰杰原因，中国能源市场在国际能源市场中处于弱势地位，容易受到国际能源价格波动的冲击。

（三）能源价格预测研究

能源价格预测研究是构建能源价格预测体系的重要组成部分，不仅具有积极的理论价值，而且对实践操作方具有重要指导作用。目前能源价格预测的研究方法主要是时间序列预测模型和统计模型，组合预测模型由于较好地融合了两个及以上模型的优势，一般情况下能够取得较为理想的分析结果，获得了广泛的应用。能源价格预测的研究对象主要集中在石油的价格预测，直接以煤炭价格预测为研究对象的研究文献相对较少；预测分析的内容主要是对能源价格的跟踪模拟以及对未来价格走势的预测。

1. 市场结构角度进行价格预测

能源价格预测分析初期以结构性分析为主，建模过程中全面考虑了能源价格的影响因素以及经济含义，但由于能源价格的影响因素繁杂，建模过程中存在较大困难，模型的预测精度随着变量的不同而出现差异，预测效果的稳定性难以得到保障，因此在实践应用中局限性较大。

从市场结构角度出发，国外对能源价格预测研究的文献，主要是在欧佩克以及非欧佩克国家的能源消费之间进行动态博弈，分析其市场价格的大致走向，在石油价格预测分析中引入了相关市场变量，如石油期货市场的信息被有效地引入石油现货价格预测模型中。Salant（1976）使用纳什—古诺模型进行世界石油价格分析，建模过程中考虑石油市场的卡特尔组织。Ye 等（2002、2006、2009）认为短期的原油市场中存货的波动范围较小且能保持最低的运营水平，存货与商品价格具有非线性关系，以原油的月度正常存货水平和经济合作与发展组织相对水平为变量，分别模拟低存货状态和高存货状态原油市场模型，对美国西得克萨斯轻质原油（WTI）月度价格进行短期价格预测。Zamani（2004）以经合组织（OECD）石油存货、非 OECD 石油需求量以及石油输出国组织（OPEC）的石油供给为变量建立了季度石油价格预测模型，OECD 石油存货量是 OECD 石油市场均衡与非均衡的主要衡量标准，OPEC 石油供给是调整石油价格的主要手段，非 OECD 石油需求量在石油市场中也起到重要调节作用，这个模型证明有助于 OPEC 国家了解石油生产价格上限产生的影响。Narayan 和 Narayan（2007）以 1991~2006 年的石油价格日数据为样本，分析石油价格的波动性，认为石油价格变化趋势在短期内容易变化，长期内其变化趋势具有一致性。Coppola（2008）根据持有成本模型推导了石油现货和期货价格的长期关系，二者的协整关系可以用来预测石油现货价格以及期货价格，通过向量误差修正模型拟合石油价格波动特征，石油现货价格与期货价格之间的差异组成均衡状态的误差，随机游走模型用来检测模型预测的效果，研究结果显示，利用石油期货市场信息有助于预测石油现货价格的走势。Alquist 和 Kilian（2010）对石油期货价格和现货价格的关系进行研究，认为由于石油存货边际收益的变化，石油期货价格变动性较高，导致最小均方误差准则下石油期货价格的预测精度低于石油现货价格的预测精度，通过两个国家多阶段的现货—期货的原油市场跨期一般均衡模型分析显示，貌似可信的假设条件下，未来石油供给短缺带来日益增加的不确定性导致石油期货价格波动性下降，以及预防性石油需求增加，从而引起石油现货价格上涨。

国内从市场结构角度对能源价格预测领域的文献较少，一般是选取对能源价格影响程度较高的因素作为自变量，建立能源价格的多元回归模型，分析并模拟能源价格的未来走势。杜慧滨等（2004）分析国际石油市场供求关系、政治环境、OPEC 国家之间的博弈等影响石油价格的因素，研究石油价格波动的特征及原因，并建立了自组织价格预测方法对石油未来价格进行分析。李畅等（2007）认为，国际石油价格波动可以用 AR（1）模型描述，OPEC 产量、OECD 国家消费需求是影响石油价格的长期因素，中国石油消费需求短期内对石油价格产生正面影响，实证结果表明，国际石油价格的长期走势由供求关系等基本因素决定，短期油价波动由突发性非经济因素决定。李明等（2007）在三个假定条件基础上认为煤炭价格取决于其平均成本、平均利润、进口单价和出口单价，建立多元回归模型，并在模型中引入时间虚拟变量，利用 1995~2003 年的样本数据对煤炭价格进行预测分析；同时建立 ARMA 模型、政策干预模型对各模型分析结果进行比较。卢荣（2009）将煤炭行业产业升级以及供需矛盾作为影响煤炭价格的两大因素，从煤炭产业内部结构以及宏观环境角度对煤炭价格进行预测分析。

2. 单一模型进行价格预测

从单一计量经济学角度建立预测模型，包括历史数据法、经济时间序列方法以及统计模型方法。历史数据法由于其预测精度较差目前使用较少。经济时间序列预测方法在短期预测方面表现较好，如 ARCH、GARCH 理论、协整理论以及分形和混沌理论等。统计模型方法包括神经网络与模式识别、灰色预测理论、马尔可夫预测模型等，其倾向于直接从数据本身寻找石油价格变化规律，经济理论意义较弱。

国外以计量经济或统计模型预测能源价格方面的研究文献较多，发展相对成熟，且在实践中获得了广泛的应用。Szkuta 等（1999）应用三层反向传播范式的人工神经网络模型对系统边际电价进行短期预测，通过维多利亚电力系统的真实数据监测模型的预测性能，证明模型能够获得可信的预测结果。Pindyck（1999）以 1870~1996 年的石油、煤炭和天然气价格波动变化路径为研究对象，对其价格的随机动态演变过程进行分析，通过卡尔曼滤波和状态空间模型建立了能源价格长期波动性测量方法，能够对未来能源价格进行预测，同时对投资决策做出指导。Morana（2001）通过利用石油价格变化的 GARCH 特性，采用半参数模型对石油价格进行短期预测，实证分析表明，半参数模型不仅能够有效预测石油价格短期内的变化，而且有助于了解石油价格变化轨迹。David Cabedo 和 Moya（2003）应用风险价值模型（VaR）方法测量石油价格风险，在一定置信水平下，得出石油价格最大的变化幅度。通过三种方式建立 VaR 模型预测石油价格的波动路径：第一种是应用历史模拟标准方法；第二种是融合 ARMA 的历史模拟标准方法（HSAF）；第三种是基于自回归条件异方差的方差—协方差方法预测石油价格。研究结果表明，HSAF 方法能够对连续波动的石油价格进行较好的模拟。Contreras 等（2003）对竞争性电力市场中即时价格和未来合约价格进行预测分析，采用的方法是过去常用来进行电力负荷预测的 ARIMA 模型。ARIMA 模型预测精度较高且数学性质比较稳健，在电力价格预测方面也有较好的表现。Moshiri（2004）研究了影响石油价格的噪声后认为，石油价格波动一般是非线性的，如果选用线性模型进行拟合会增大预测误差，选用美国纽约商业交易所 21 年的石油价格日数据，通过 ARIMA 和 GARCH 模型对石油价格进行预测，采用嵌入维数、李雅普诺夫指数、神经网络检验模型的噪声，建立非线性人工神经网络模型对石油价格进行预测并取得了较好的效果。Sadorsky（2006）应用 TGARCH、GARCH 模型对能源价格进行模拟和预测研究，根据测试样本分析认为，TGARCH 模型能够较好地拟合民用燃料油和天然气价格的波动，GARCH 模型能够较好地拟合原油和无铅汽油价格波动；虽然状态空间模型、向量自回归模型以及双变量 GARCH 模型等均增加了研究的复杂度，但实验结果并不比单变量 GARCH 模型好。Gori 等（2007）分析了石油价格和消费量变化发展的动态过程，分别在抛物线型模型、线性模型、混沌模型三种角度下模拟二者关系建模并对石油价格做预测分析，研究结果表明，不同预测方法得到不同预测结果，抛物线型模型预测石油价格上涨，线性模型预测石油价格下降，而混沌模型预测石油价格先下降后上升。研究结果显示，抛物线型模型和混沌模型对 2003 年石油价格的预测结果较接近。

国内能源价格预测分析主要是集中在石油以及煤炭价格预测，研究方法及模型主要有自回归移动平均模型、灰色理论预测方法、神经网络理论以及其他非线性预测方法等。

自回归移动平均模型预测方面，孙继湖等（2000）、王立杰等（2001）、郝家龙（2007）以秦皇岛港山西优混煤月度价格为样本数据建立了 ARMA 模型进行了短期煤价预测分析；张欢等（2005）、肖龙阶（2009）建立 ARIMA 模型对煤炭、石油价格做了预测分析；冯春山等（2005）建立长记忆 ARMA 模型（ARFIMA）预测石油价格，其性能优于 ARIMA 模型。

灰色理论预测分析方面，董继学等（2005）、魏毅等（2006）利用灰色理论对煤炭价格进行预测认为，灰色理论预测模型在小样本、贫信息条件下，能够对煤炭价格进行中期预测，并达到较好效果。

神经网络预测分析方面，韩超等（2005）通过附加动量法改进 BP 神经网络模型，综合考虑工业用煤趋势、国内生产总值年增长率、价格指数、煤炭在能源消费中的比重等因素，对煤炭价格进行预测分析；孙大力等（2006）采用同期通货膨胀率指数调整、移动平均周期项、随机滤波等方法对石油价格时间序列做预处理分析，建立神经网络预测模型，获得较低的平均偏差率；刘硕等（2009）通过遗传算法的 BP 神经网络构建预测模型，对国际煤价、国际油价、秦皇岛煤炭库存水平和山西优混煤均价四个周价格进行短期预测认为，基于遗传算法的 BP 网络模型能够减少基于普通神经网络模型的预测误差，从而提高了预测精度；刘立霞等（2008）建立基于最小二乘支持向量机模型预测石油期货价格，取得较理想的预测精度。

其他主要的非线性预测方法。随机时间序列预测方面，王喜莲等（2008）在矿产品价格随机布朗运动特征基础上求得矿产品价格显式解，分别采用递推式、历史数据分析、历史数据滚动预测、年代历史数据预测方法对陕西省煤炭价格运动进行预测分析，研究结果显示递推式预测的效果较好；变系数回归模型预测方面，舒通（2008）以 WTI 原油现货价格为样本数据，建立变系数回归预测模型对石油价格进行分析，预测了未来 4 个季度平均价格；残差自回归模型预测方面，邓美玲等（2009）运用非平稳序列的残差自回归模型方法预测短期石油价格，与 ARIMA、GARCH 模型的预测效果相比，其拟合程度较高；状态空间模型预测方面，王锋等（2011）建立煤炭价格状态空间模型对煤炭价格指数的长期趋势进行分析，研究结果表明，状态空间模型能够有效应用在煤炭价格预测领域；小波理论预测方面，梁强等（2005）利用小波多尺度分析技术，对石油价格长期趋势进行预测分析；数据分组处理方法（GMDH）预测方面，李增光等（2012）从两方面改进 GMDH 算法：添加初始变量改善模型功能，GMDH 输出的显式表达式应用权系数向量法，将改进的 GMDH 算法应用于煤炭价格预测研究，能够有效模拟煤炭价格运动，具有较好的拟合精度以及良好的外推能力；分形理论方面，付昱华（2000）、韩冬炎等（2004）、刘孝成等（2006）基于分形理论对石油价格进行预测分析；其他方面，苗敬毅等（2011）探讨了煤炭资源定价模型，在分析了基于资源价格、利率和便利收益随机变动三因素定价模型基础上，利用向量 Ito 定理提出了三因素模型中价格利率和便利收益变量的递推公式，为煤炭价格预测提供了另一种研究角度。

3. 组合模型角度进行价格预测

组合预测模型能较好地结合结构性预测模型、非结构性模型的优势以及各预测模型多角度分析预测的特点，模型的总体性能较好，实践中获得了较为广泛的应用。

国外能源价格组合预测主要集中在电能、风能领域的价格预测。实践应用方面，组合预测模型子预测方法主要是神经网络模型、小波理论模型、ARIMA 模型以及混沌理论等。如 Rodriguez 和 Anders（2004）分别应用神经网络模型、模糊逻辑模型以及二者的组合模型对加拿大安大略省电力市场能源价格做预测分析。Conejo 等（2005）提出了利用小波转换理论和 ARIMA 模型构建组合预测模型对电力价格进行预测分析；通过小波转换理论将受到污染的价格序列分解成具有良好特性的适宜用 ARIMA 模型处理的时间序列，然后将 ARIMA 的预测值经过逆向小波转换，从而得到电力价格的预测值。Sanchez（2006）采用由竞争动态模型和单变量跨期回归模型组成的适应性组合模型对风力发电厂风能产品的价格进行短期预测，分析表明，组合预测模型适用范围较广。Amjady 等（2006、2008）认为由于存在非线性、非平稳性以及市场波动性，能源价格信号波动通常较为复杂，提出基于小波转换和人工神经网络进化算法的混合预测模型对电力能源价格进行预测，在精度和稳健性方面均优于其他传统预测模型。Mohammadi 和 Su（2010）采用 ARIMA-GARCH 模型分析了 1997 年 1 月 2 日至 2009 年 10 月3 日11 个国际市场的原油现货价格，分别用测试样本对 GARCH、EGARCH、APRACH、FIGARCH 模型的预测性能进行检测，研究结果显示，APARCH 模型的性能优于其他模型。Wu 和 Shahidehpour（2010）提出时间序列——适应性小波神经网络模型（AWNN）预测电价，其中带外生变量的自回归移动平均模型（ARMAX）模拟价格序列和外生变量的线性关系，广义自回归条件异方差模型（GARCH）用来测量残差项的异方差特性，AWNN 表述负荷序列对电价产生的非线性、不平稳影响。Shafie-Khah 等（2011）通过小波转换模型、ARIMA 模型、径向基函数神经网络（RBFN）构建组合预测模型预测电力价格，小波转换模型提供了一组表现较好的基本序列用于预测，ARIMA 模型用来进行线性预测，RBFN 模型作为非线性识别工具用来纠正小波 ARIMA 模型的预测估计误差；同时粒子群优化算法被用来优化 RBFN 模型的网络结构；模型的预测效果通过西班牙大陆电力市场数据进行检验，研究结果认为该组合预测模型的精度较高，具有较高应用价值。

20 世纪 90 年代，组合预测模型在国内经济领域研究中不断应用并推广。能源价格预测领域的组合预测模型大部分引入了神经网络模型，主要的组合预测模型类型如下：

基于神经网络与其他预测模型的组合预测模型。宁云才等（2001）应用在小波变换理论与人工神经网络基础上构建复合小波神经网络模型，引入伸缩因子和平移因子两个变量，对1980~1997年中国大同动力煤出口日本离岸价格为样本进行煤炭价格预测，预测结果的拟合相对误差大部分小于1%；冯春山等（2004）利用ARIMA和神经网络进行组合预测石油价格；汪小寒等（2006）在一般覆盖算法基础上引入核函数，融合了支持向量机（SVM）中核函数法与构造学习法，建立预测模型对煤炭价格进行分析，具有计算量小、预测精度较高等优势；刘硕等（2009）基于最优加权算法建立ARMA、灰色预测和BP神经网络的组合预测模型，研究结果显示，组合预测模型能够有效降低预测误差；秦丽娟等（2009）建立基于贝叶斯理论的最小二乘法支持向量机模型对煤炭价格进行预测分析，与BP神经网络模型相比，预测效果较好；陈增祥（2012）认为，人工神经网络和灰色理论均可以有效处理非线性、动态序列的预测问题，在此理论基础上构建了二者的组合预测模型对煤炭价格进行预测分析；吴虹等（2012）提出基于ARIMA和SVM的组合预测模型，利用ARIMA模型对石油价格时间序列线性建模，SVM对石油价格的非线性部分建模，获得两种模型组合预测结果，预测精度优于单一预测模型。

其他组合预测模型方面，张跃军等（2007）建立了基于GED分布的GARCH（1，1）、GARCH-M（1，1）和TGARCH（1，1）三个模型，描述原油价格波动特征，实证分析证明，基于GED分布的GARCH模型优于基于正态分布的GARCH模型预测能力；葛根等（2009）基于小波分频技术和Volterra自适应滤波器的组合预测模型对石油价格进行分析，首先对石油价格原始序列做小波分频分析，其次分别计算各层时间序列的最佳延迟时间和嵌入维数来重构相空间，最后用Volterra自适应滤波器法预测各层时间序列；秦鹏等（2010）在广义指数预报因子基础上，使用拟合期内样本，在不同准则下选取不同参数的EWMA线性组合作为石油价格预报因子，建立预测模型，分析石油价格。

三、研究内容与方法

本书主要分析煤炭价格波动特征、对煤炭价格进行短期预测和中长期预测研究，通过煤炭价格传导路径的分析，对煤炭价格传导效应进行研究。在研究过程中，以理论分析为基础，并注重定量分析的实用性和可操作性。本书的主要研究内容包括以下方面：

（1）提出煤炭价格波动系统论的研究方法。能源价格研究领域以石油价格方面的研究为主，近年来煤炭价格研究文献逐渐增多，但尚无专门文献对煤炭价格进行整体性研究。本书将煤炭价格作为研究对象，从煤炭价格影响因素、波动特征、未来走势和传导效应等方面对煤炭价格波动进行了详细分析，构建了煤炭价格波动研究的有机整体，避免了片段式研究的局限性。具体地，微观角度从供给与需求、替代品、技术水平、煤炭期货等角度分析；宏观角度从国家经济发展水平、政府宏观调控、利率水平、货币供给量、政策环境等因素进行分析；理性预期作为一个独特的研究视角，本书结合经济景气度指数进行说明。

（2）揭示中国煤炭价格波动特征。本书从煤炭价格长期变动趋势以及周期性波动、煤炭价格波动是否存在结构性断点、煤炭市场的集成度等角度勾勒并揭示了中国煤炭价格波动的特征。通过 HP 滤波方法将煤炭价格波动分离为长期趋势和周期性波动，分别予以讨论和分析。在煤炭价格长期变动趋势分析中采用结构性断点方法进行分析；中国煤炭市场集成度分析中，应用协整理论分析其收敛性。探索性地揭示了中国煤炭价格波动具有如下特征：从 1980 年至今，中国煤炭价格波动的长周期约为 14 年，其中 1980~1999 年为第一周期阶段，2000 年至今为第二周期阶段；没有足够理由表明 1980~2013 年煤炭价格运动存在结构性断点，即经济社会中的重大经济危机并没有导致中国煤炭价格波动产生结构性变动，从而证明了中国煤炭市场的有效性；从中国三个地区煤炭价格收敛性分析可以推测，中国不同煤炭市场之间的价格差异比较稳定，市场集成度较好。

（3）应用卡尔曼滤波算法和灰度理论进行煤炭价格预测研究。卡尔曼滤波在信号与信息处理领域已获得成功的应用，特别在动态目标实时跟踪方面表现优异，且卡尔曼滤波算法的可操作性强，具有很高的理论和现实意义。本书将卡尔曼滤波算法引入中国煤炭价格短期预测研究领域，在编程过程中充分考虑了煤炭价格时间序列的具体特征，结果显示，煤炭价格短期预测值的协方差能够控制在较小的范围之内，从而保障了煤炭价格预测精度的稳定性。灰度理论在信息质量不高的背景下能够进行有效的预测分析，本书在煤炭价格中长期预测研究中应用灰度理论，达到了预期的研究效果。

（4）本书在煤炭价格预测分析基础上，对其传导效应进行深入研究。主要包括三方面内容：第一，对煤炭价格传导机制进行定性分析；第二，利用投入产出价格模型，对煤炭价格变动产生的即时影响做定量分析；第三，由于价格传导存在时滞，为弥补第二部分只做即时影响分析的不足，通过 VaR 模型对煤炭价格波动产生的影响做时滞分析。煤炭价格传导效应定量分析使用 Eviews 软件。

（5）提出了基于煤炭价格波动研究的政策建议。通过煤炭价格波动理论的研究，从煤炭行业投资规模、煤炭行业技术投资水平、经济发展格局、物流体系的角度提出了增强煤炭价格市场竞争力的政策建议。

四、基本研究框架

本书分为六章，具体章节安排如下：

第一章为绪论。其中第一部分对本书的研究背景、研究的理论意义和现实意义进行阐述。第二部分对国内外研究综述进行梳理分析，分为三个方面：能源价格波动特征文献综述、能源价格传导及影响的文献综述、能源价格预测研究的文献综述。第三部分提纲性介绍了本书的主要内容以及采用的主要方法。第四部分对本书的基本框架按章节进行大致介绍。

第二章煤炭价格影响因素分析，按重要程度依次在六个小部分中对供给与需求、替代品和消费预期、技术因素、煤炭期货、政府调控以及其他因素进行分析。

第三章煤炭价格波动特征研究。其中第一部分结合经济现实对煤炭价格波动的整体形势进行分析。第二部分应用HP滤波将煤炭价格波动分为长期趋势和周期性波动，分别进行分析。第三部分对煤炭价格波动中是否存在结构性断点展开分析。第四部分通过对国内三个区域煤炭市场价格的收敛性分析，研究了中国煤炭市场的有效性。

第四章煤炭价格走势预测研究，由三大部分构成：第一部分对经济预测理论及方法进行回顾和梳理。第二部分在考虑煤炭价格样本数据特性的基础上，选择卡尔曼滤波算法对煤炭价格进行短期预测分析（预测未来一期的价格），卡尔曼滤波算法将每一时刻观测值与估测值之间的差异作为信息，不断迭代更新，一步预测精度较高。第三部分选用灰色理论对煤炭的中长期价格进行预测分析（预测了未来八个季度的价格），在样本数据较少的情况下，灰色预测模型的长期预测精度较高，适宜煤炭价格中长期预测。

第五章煤炭价格波动的传导效应研究，主要由四大部分构成：第一部分在价格波动及传导理论分析的基础上，研究了煤炭价格波动的横向传导和纵向传导。纵向传导主要是分析煤炭价格波动给下游重要行业的物价水平带来的影响，如火力发电行业、钢材工业、化学工业、机械工业、冶金工业、食品工业、交通行业等；横向传导主要是分析煤炭价格波动给其他能源价格带来的影响，如电力工业、石油工业等。第二部分研究煤炭价格传导机制，首先分析了中国煤炭消费状况；其次从电力工业、冶金工业、化学工业以及建材工业等产业链角度，对煤炭价格传导机制进行研究。第三部分通过投入产出价格模型对煤炭价格波动的影响进行实证分析，对传导效应的即时影响进行定量分析（投入产出表依据2009年国家统计局公布的2007年度中国135个部门投入产出表）。第四部分通过VaR模型对煤炭价格波动对宏观经济以及下游产业物价水平影响的时滞性进行定量分析。

第六章基于煤炭价格波动的政策建议，主要包括四个部分。第一部分，建议要在把握煤炭价格走势的基础上，合理规划煤炭行业的投资规模，减少过度投资带来的一系列经济损失和社会问题。第二部分，建议提升煤炭行业的技术投资水平，增强煤炭企业的核心竞争力。第三部分，建议在资源型区域经济发展过程中，应以煤炭价格走势为导向，积极进行结构性调整，降低煤炭价格波动对其经济发展的影响。第四部分，建议完善煤炭行业物流体系，从流通环节降低煤炭企业运营成本，从而提升煤炭市场价格的竞争力。

最后对全书进行了总结。

第二章
煤炭价格影响因素分析

煤炭价格影响因素较多，随着全球一体化进程的加快，煤炭价格影响因素复杂化程度更加显著。在市场经济环境下，价格是商品价值的直接体现，不但能够体现商品的供求关系，而且是政府宏观调控的重要手段之一。影响商品价格的因素较多，除了基本供给与需求因素，金融市场、政府调控以及重大经济事件等因素均对商品价格产生影响。煤炭行业在中国经济发展中具有重要地位，煤炭价格波动是各因素相互作用的结果。本章从外部影响的角度，按重要性原则对影响煤炭价格的因素进行分析。

一、供给、需求及其他宏观经济变量

传统经济学理论通常会将商品的均衡价格作为描述市场出清的必要元素之一。本章以传统经济理论为基础，研究煤炭价格的影响因素。

（一）煤炭的供给与需求

据 BP 世界能源统计数据显示，2012 年全球煤炭探明储量排名如图 2-1 所示，美国以 2446 亿吨储量稳坐头把席位，俄罗斯以 1570 亿吨储量排第2位，中国和印度分别以1145亿吨和924亿吨排第3位和第4位，哈萨克斯坦排第8位。

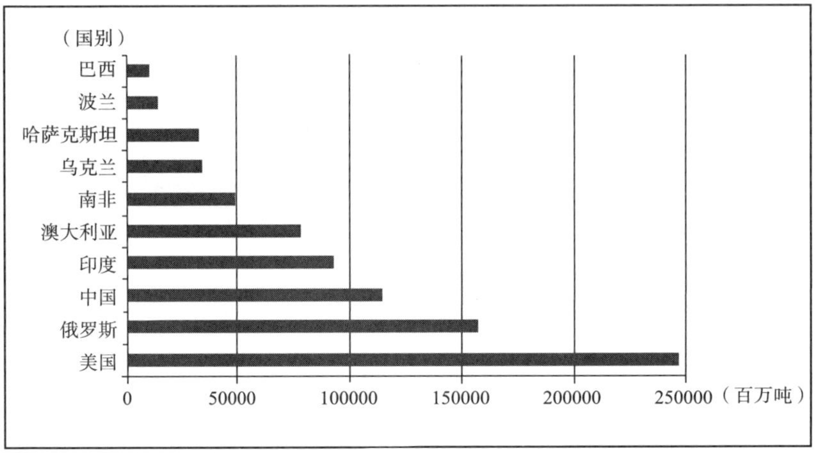

图2-1　2012年全球煤炭探明储量排名

如图2-2所示，美国占世界煤炭探明储量的27.1%，俄罗斯占比17.3%，中国占比12.6%，位居世界第3位。

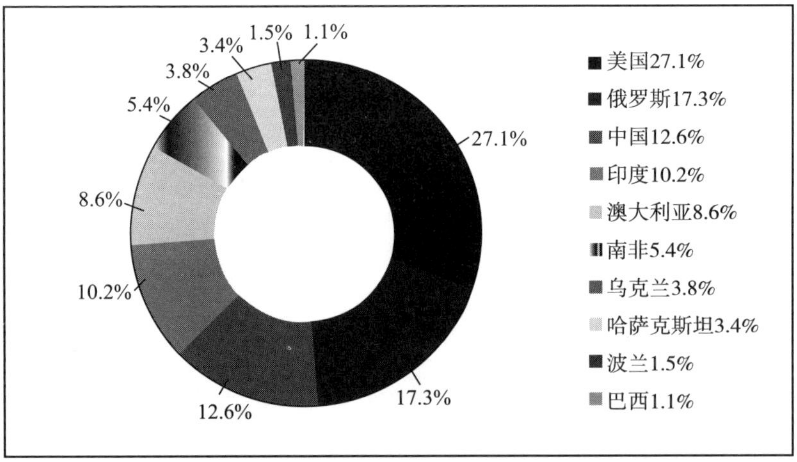

图2-2　煤炭探明储量中各国所占份额

不能忽视的是，虽然中国的煤炭探明储量处于较高水平，但储采比明显偏低。“储采比”是当年开采量与剩余储量的比例，通常用来反映矿产资源利用情况。一般来讲，储采比越大，说明资源利用越充分，在同样开采规模下，矿山服务年限延长，基建投资折旧费用相应减少。

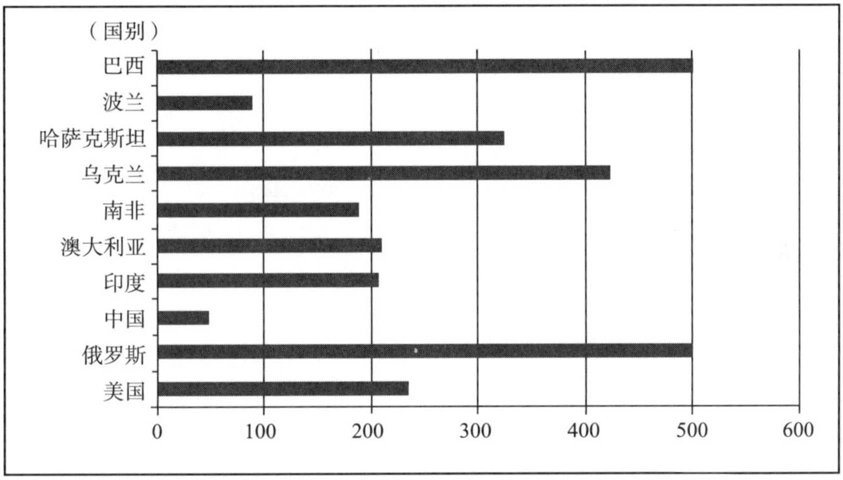

图 2-3 世界各国煤炭储采比排行

注：巴西和俄罗斯的储采比均大于 500，由于无具体数字，表示为 500。

中国的储采比为 48，在煤炭储量排名前十的国家中，处于最低水平（见图2-3），说明中国的煤炭开采速度较快，未来煤炭可采量减少幅度较高，中国煤炭产业未来的发展可能会面临一定的困境。

从煤炭消费角度看，据《BP 世界能源统计 2013》，2012 年中国煤炭消费量居世界第一位，达 1873. 3 百万吨油当量（见图 2-4），占当年全球煤炭消费量的 50. 2%（见图 2-5）。而中国在全球 10 个产量过亿吨的国家中排名第一，煤炭开采量为 36. 5 亿吨，远超排名第二的美国（见图 2-6）。

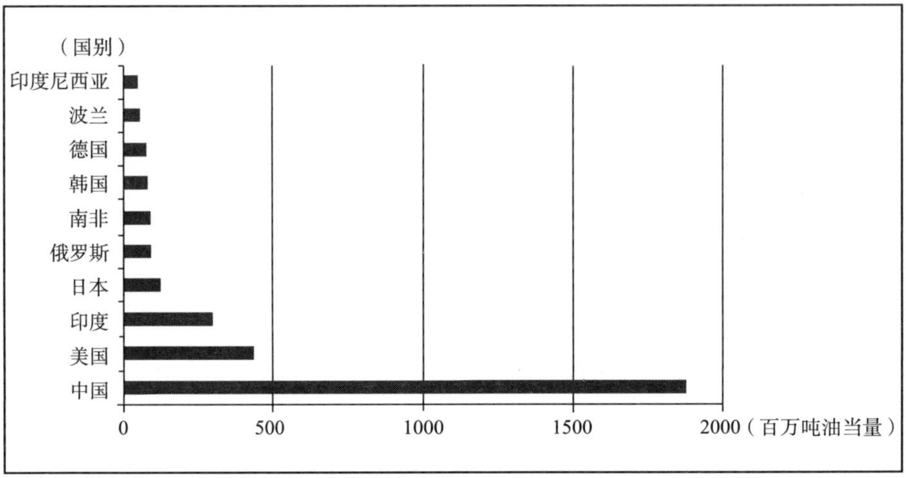

图 2-4 2012 年世界煤炭消费量排行

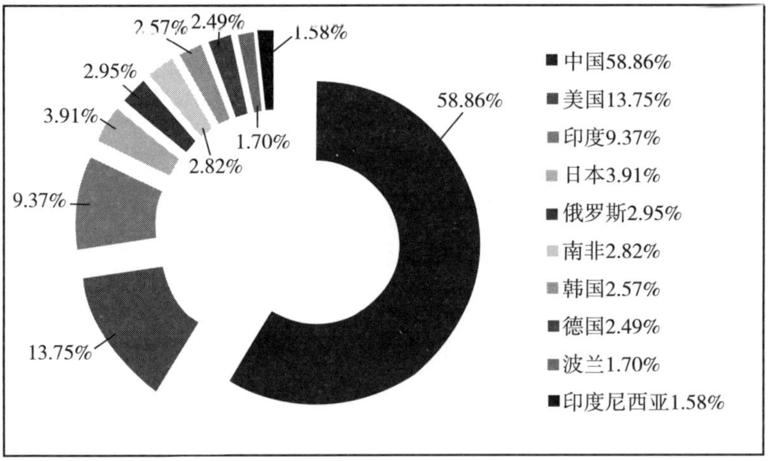

图 2-5 2012 年世界煤炭消费比例

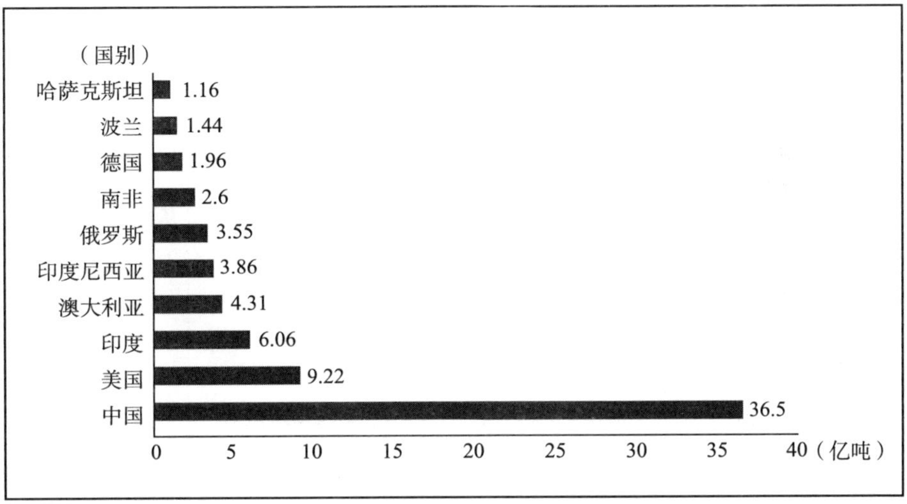

图 2-6 2012 年全球煤炭产量过亿吨的国家排名

上述数据表明，从世界范围看，中国的煤炭探明产量较高，但开采效率较低，近年来开采速度过快，未来中国煤炭产业的发展可能会面临一定的困境。

下面从国内经济发展的角度研究煤炭市场的发展状况。

随着中国经济的快速发展，煤炭市场供给量呈现上升态势。1949～2014 年原煤年度产量数据（如图 2-7 所示）可以看到，2000 年之后煤炭供给呈现指数式上升，到目前为止，原煤产量仍处于高位。

煤炭市场供给量极大影响了煤炭市场价格，据传统经济学理论，在产品需求不变的情况下，增加产品供给必然会造成产品价格的下降，煤炭价格同样遵循价格规律。2000 年之后，随着中国逐渐摆脱亚洲金融危机的影响，经济发展走上了快速运行的轨道，能源行业作为基础性行业，其市场供给量必然会随着经济的发展而扩大。煤炭作为中国一次能源消费的主要组成部分，其供给量的增加尤为显著。中国经济发展属于典型的投资导向型，经济发展初期，市场需求较大，因此不断增加的煤炭供给同时带来了煤炭价格的上涨；随着投资导向型经济弊端的逐步显现，煤炭的市场需求会逐渐萎缩，煤炭价格开始下降，当前的经济现实已经印证了这一经济理

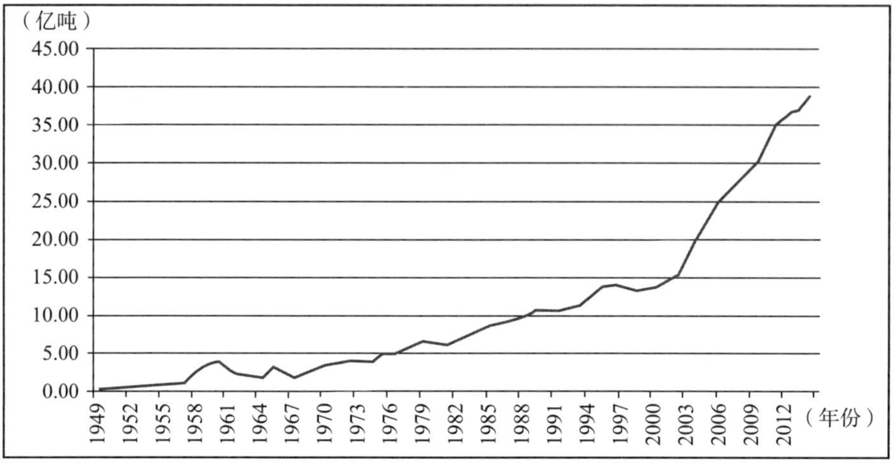

图 2-7　1949~2014 年中国原煤产量趋势

资料来源：国家统计局。

论。通过图 2-8 可以对上述定性描述做出更清晰的分析。

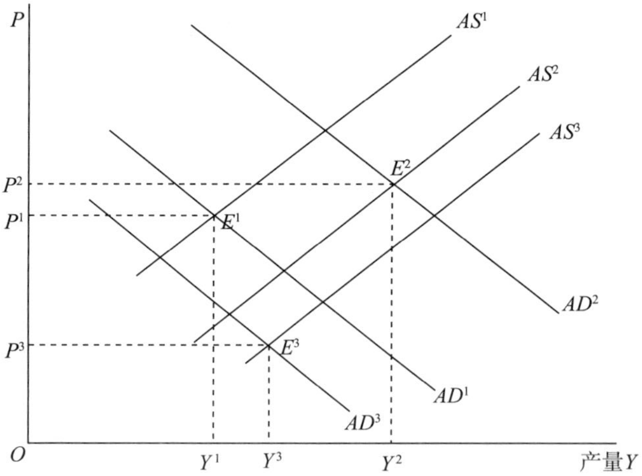

图 2-8　煤炭供给与需求变动对价格的影响

在1时刻，需求和供给曲线分别用AD^1、AS^1表示，市场均衡点在E^1，对应价格为P^1。经济刺激计划创造了大量的需求，煤炭市场需求量大幅增加，需求曲线AD^1快速移动到AD^2的位置，市场需求的增加促使煤炭市场供给增加，因此供给曲线会右移至AS^2的位置，此时煤炭均衡价格为P^2。煤炭市场处于供需两旺的状态，但是，当投资导向型经济的劣势显现，政府过度引导的弊端会给煤炭市场带来严重的影响。市场需求在没有外界推动的条件下，会逐渐萎缩，如从AD^2左移至AD^3，但煤炭供给由于产能规模已经扩张，很难在短期内减少其市场供给，如果短期内仍维持AS^2水平，煤炭均衡价格必然会下降。在对市场前景不明朗的情况下，部分煤矿的盲目扩张，会导致煤炭市场供给的进一步增加，供给曲线移动到AS^3的位置，此时对应的煤炭价格已经进一步下降到P^3。

煤炭价格下降主要原因能够从上述图示分析中得到，但是煤炭价格下降带来的后续经济问题则需要进一步研究。目前中国煤炭市场处于下行态势，供大于求的局面一直持续，在贵州、辽宁等区域，中小煤矿企业停产较多，数量众多的煤炭企业面临亏损、濒临倒闭。

煤炭供给直接对煤炭价格产生重要的影响，其中不容忽视的是国外煤炭供给对国内煤炭市场的冲击。煤炭进口量的不断增加在一定程度上增加了中国煤炭市场的供给量，受供需结构变化的影响，一定程度上将会导致煤炭价格呈现下跌态势。受中国工业化以及城镇化发展的影响，煤炭需求量不断增加，中国从煤炭净出口国到煤炭净进口国只用了三年的时间。目前看来，进口煤炭对国内煤炭市场的冲击较大，直接导致国内煤炭市场价格进一步走低。

从图2-9可以直观地看到，中国煤炭进出口数量的巨大差额——从2009年开始煤炭进口数量超过出口数量，之后这种差额逐步扩大，2014年中国进口煤炭总量为22803.35万吨，出口煤炭总量为573.55万吨。较低的煤炭进口价格是导致这一局面的重要原因，2015年1月进口煤炭平均价格为72.72美元/吨，出口煤炭平均价格为110.72美元/吨。同等质量下，进口煤炭价格远比国内煤炭价格低廉，造成国内耗煤企业大部分选择进口煤炭而非采购国内生产的煤炭。煤炭进口量大幅增加对国内煤炭市场冲击较大，这也是引起近年来中国煤炭市场价格低迷的重要诱因之一。

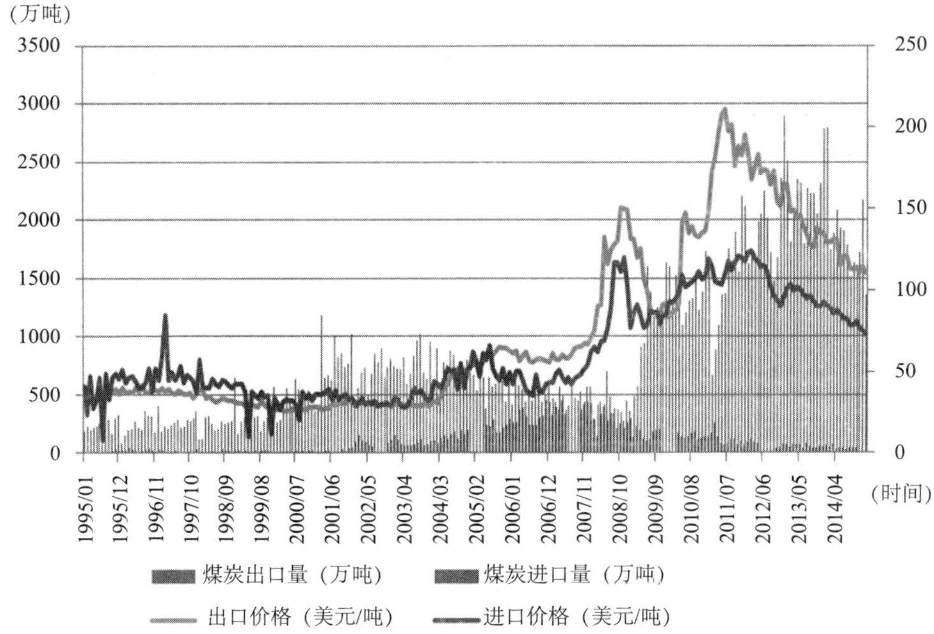

图 2-9　1995 年 1 月~2015 年 1 月中国煤炭行业进出口数量及价格趋势

资料来源：海关总署网站。

因此对煤炭市场供给与需求的准确把握具有积极的现实意义。对于微观经济主体，在纷繁复杂的市场中，只有对煤炭市场供求做出准确的预测，才能生存和盈利；对于宏观调控主体，对煤炭市场的精确分析，能够尽量减少煤炭企业的经济损失，同时也可以最大限度地避免煤炭企业产能过剩带来的经济问题、社会问题。

（二）其他宏观经济变量

煤炭价格波动是一个多因素共同作用的复杂过程，除了受煤炭供给与需求的影响之外，还受到众多宏观经济变量的影响，主要有 GDP 水平、利率水平、货币供给量、物价水平等，这些因素均与物价水平的变动息息相关，因此煤炭价格的变动与上述宏观经济变量同样存在密切联系。

1. 国内生产总值与煤炭价格的关系

经济体的 GDP 水平能够很大程度反映整个经济运行的趋势，一般情况下，经济快速发展时期，煤炭等能源消耗量会随之上升，从而导致煤炭价格走高。国家统计局公布的数字显示，2000 年原煤产量为 13.84 亿吨，2014 年这一数据飙升至 38.70 亿吨；与此同时，以 2000 年 GDP 指数为 100 计算的不变价 GDP 为 99214.55 亿元，2013 年为 342040.69 亿元。经济发展会增加煤炭的消费量，二者之间存在一定的长期关系，朱美峰（2013）基于协整理论研究了经济发展与能源消费的关系，通过建立自回归分布滞后模型并进行数学推导，采用一步法证明了二者之间存在着长期均衡机制。由于 GDP 水平与煤炭消费量之间存在着均衡关系，必然会对煤炭价格走势产生一定的影响。下面对中国 GDP 水平与煤炭价格之间的关系进行数量分析。样本数据为国家统计局公布的 1980 年到 2013 年期间煤炭及炼焦工业的工业生产者出厂价格指数（简写为 CP）和国内生产总值指数（简写为 GDP）。这里 CP 作为煤炭价格指数的替代变量，简称为“煤炭价格指数”。煤炭价格指数与国内生产总值指数之间的大致关系可由图 2-10表示。

经平稳性检测，煤炭价格指数（CP）与国内生产总值指数（GDP）均为平稳时间序列。为进一步了解 CP 与 GDP 的相互关系，对二者进行格兰杰因果检验，滞后阶数为 2，结果如表 2-1 所示。由相伴概率可知，在 5%显著性水平下，拒绝“CP 不是 GDP 的格兰杰原因”的假设，接受“GDP 不是 CP 的格兰杰原因”的假设。因此从 2 阶滞后情况看，CP 是 GDP 的格兰杰原因。

表 2-1 格兰杰检验结果

Null hypothesis	obs	F-Statistic	Prob
GDP does not Granger Cause CP	32	1.89649	0.1703
CP does not Granger Cause GDP		5.49005	0.0103

由于煤炭产业在国民经济中的重要地位，煤炭价格波动与国民经济生产水平紧密联系。上述定量分析表明，煤炭价格是国内生产总值的格兰杰原因。

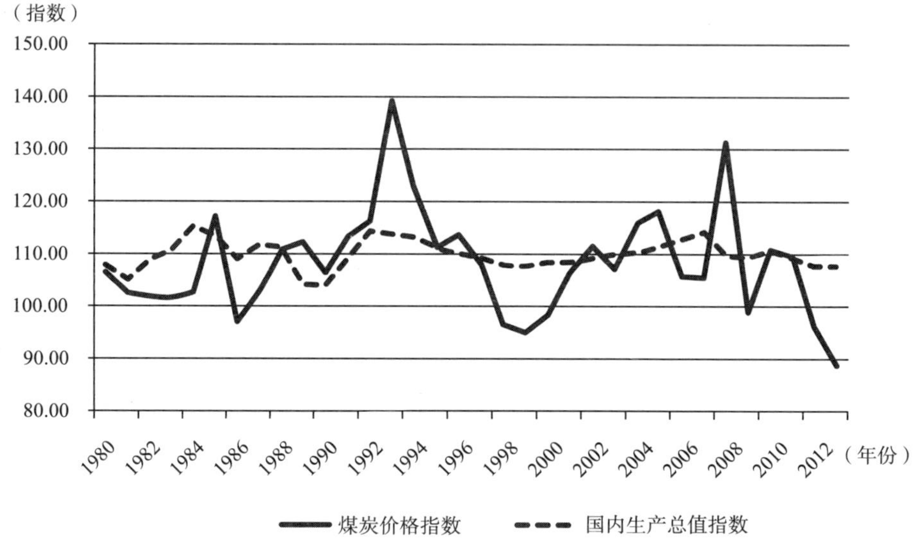

图 2-10　1980~2013 年国内生产总值指数与煤炭价格指数关系

2. 利率、货币供给量与煤炭价格关系

利率是影响物价水平的重要因素之一。凯恩斯在《就业、利息和货币通论》中认为，有效需求决定社会总产出，而流动性偏好、边际消费倾向和资本边际效率共同决定有效需求。只有当资本边际效率高于市场利率，才能通过乘数作用，刺激投资增加，从而最终使产出和总需求增加；反之则产出和总需求减少，投资缩减。在这里，基本的传导机制并未发生变化，但凯恩斯引入投资者预期和不确定性预期，使投资者行为变得更加复杂。在凯恩斯主义传统框架下，货币政策对总需求的影响及价格刚性一般都被货币政策分析所注重，即利率变动通过货币渠道和信贷渠道对总需求的变化而产生的价格波动产生影响，紧缩性的货币政策认为会使产出和通货膨胀带来下降的趋势。即投资需求可以通过提高利率而减少，进而使总需求减少，从而使通货膨胀得到抑制。

从宏观角度讲，利率的高低决定了经济活动的投资规模：利率升高→投资成本增大→投资规模缩小→能源的社会总需求减少，在能源供给总量不变的情况下，需求量的减少必然会引起能源价格的下降。因此，从宏观角度分析，利率升高会在一定程度上导致煤炭价格的下跌；反之，利率下降可能会导致煤炭价格的上涨。作为影响物价水平的重要因素，利率水平高低会对煤炭价格产生不容忽视的影响。

据货币费雪方程式（又称“货币流通公式”）$M=PT/V$（M 为货币发行量，P 为物价水平，T 为产量，V 为货币流通速度），在货币发行量增加的情况下，保持商品价格 P 稳定的重要途径即降低货币流通速度和增加商品供给量。从货币流通速度的角度进行分析，利率升高即减缓了货币流通速度，因此从另一个角度证明了提高利率水平能够起到平抑物价的作用。费雪效应表明：货币供应量的增加是导致物价增长的主要原因，由于实际利率是稳定的，对于实际产出没有影响，即货币中性。费雪认为货币供应量对价格的影响是正向的，因为通过费雪方程式 $PY=MV$ 可知，在短期内，国内总产出和货币流通速度一般是常量，而货币供应量是变量，货币供应量直接影响着物价水平。在商品产量和货币流通速度不变的情况下，货币发行量与物价水平呈同向变动趋势：货币发行量大，则物价水平高；反之亦然。

3. 通货膨胀与煤炭价格的关系

通货膨胀是指整体物价水平的持续上升。通常通货膨胀分为下列几种类型：温和的通货膨胀、疾驰的通货膨胀、恶性通货膨胀、需求拉动的通货膨胀、成本推动的通货膨胀以及结构性通货膨胀。近年来中国面临输入性通胀、劳动力成本、土地以及物流等问题，这些因素均导致中国长期以来遭受成本推动型通货膨胀的影响。

居民消费价格指数（CPI）是反映居民家庭一般购买的消费商品和服务价格水平变动情况的宏观经济指标；是度量一组代表性消费商品及服务项目的价格水平随时间而变动的相对数，能够用来反映居民家庭购买消费商品及服务的价格水平的变动情况。在整个国民经济价格体系中也具有重要的地位，其变动率在一定程度上反映了通货膨胀或紧缩的程度。

煤炭价格的波动与 CPI 有着紧密联系，本书选取 2003 年 7 月至 2015

年4月的煤炭价格指数与CPI的当月同比数据作为分析对象。为了比较方便，将居民消费价格指数的上月值设定为100，进行相应的预处理。研究认为，煤炭价格指数的波动幅度高于居民消费价格指数的波动幅度，但二者的变化趋势具有一致性。另外，煤炭价格指数的变化滞后于居民消费价格指数，这与现实状况相符。因此居民消费价格指数一定程度上影响了煤炭价格的走势。

二、替代品与消费预期

替代商品和消费预期对商品价格的影响能够从经济理论分析中得到验证。作为煤炭消费替代品，石油以及清洁能源价格变化容易引起煤炭价格波动，同时影响能源消费格局。消费预期反映了消费者对经济发展的信心，一定程度上也影响了能源产品的价格。

（一）能源替代品

中国作为能源生产和消费大国，保持能源、经济和环境的可持续发展是中国长期面临的一个重大战略问题。改革开放后，为适应经济发展的需要，中国逐步构建了以煤炭为主、石油电力等为辅的能源消费结构，并通过国际贸易解决国内能源供需的缺口问题，维持了中国长达30多年的经济快速发展。不容忽视的是，由于长期以来很多行业的发展属于粗放式增长方式，导致中国的能源利用效率长期偏低，因此作为传统化石能源替代品的清洁能源成为未来能源消费的主要组成部分。

数据显示，2014年，全球可再生能源新增装机总容量首次超过煤炭和天然气新增容量之和，占全球电力新增装机容量的近六成。相关机构预测，到2035年，可再生能源发电将提供全球三成以上的电力，中国在可再生能源电力新增和累计装机容量，以及可再生能源发电总量上均领先全球，其中可再生能源累计装机总量高达433GW，届时将高于排名第二的美国的183GW。在调整能源结构的大方针背景和"十三五"规划等重要政策的支持下，中国清洁能源行业的投资和新增装机容量均呈增长趋势。整体而言，中国对清洁能源的投资持续提升，主要归功于资产融资、并购和政府与企业投资。数据显示，2014年，中国可再生能源领域投资额895亿美元，同比增长32%，占全球可再生能源总投资额的29%。其中，在光伏和风力发电领域，中国成为全球最大投资者。就风电而言，风电在电力工业中的比例逐年增加并已成为中国第三大电源。在降低国民经济发展速度，提升经济增长质量的大背景下，清洁能源在能源消耗总量中的占比将呈现不断增加的态势。

传统经济理论认为，如果商品A价格上升时，商品B需求量增加，则商品B为商品A的替代品。煤炭作为基础能源消费品，其替代商品主要有石油、天然气等其他能源产品。在煤炭价格走高情况下，煤炭与替代能源之间的价格差距较大，使得石油等替代产品的价格相对低廉，厂商将会减少煤炭的消费量，而增加石油等替代产品的使用，引起替代能源的价格走高，一直到煤炭价格的劣势被抵消，能源消费市场达到新的均衡点。同理，如果替代能源产品价格走高，煤炭价格相对较低，则煤炭的市场需求量将会提升，在供给量不变的情况下，煤炭价格上升，这种状况一直到煤炭的价格优势消失，能源供给市场达到新的均衡为止。图2-11展示了1957~2013年中国能源消费的构成比例。原煤在一次能源消费结构中的比例逐年下降，由1987年的76.2%下降至2013年的66%，但仍占据主导地位；石油作为煤炭重要的替代品，近年来，在中国能源消费结构中的比例徘徊在19%，2013年该比例为18.4%；清洁能源在能源消费结构中的比重较小，但呈现逐年缓慢递增的趋势，2013年天然气在能源消费结构中占比5.8%；水电、核电、风电共占比9.8%。以上数据均来源于国家统计局。

中国一次能源消费以煤炭为主，导致碳排放的80%左右来自煤炭消费。经济发展对化石能源的高度依赖是中国高碳排放、高环境污染的根源。未来随着经济社会低碳型发展模式的转变、环境治理力度的加强，煤

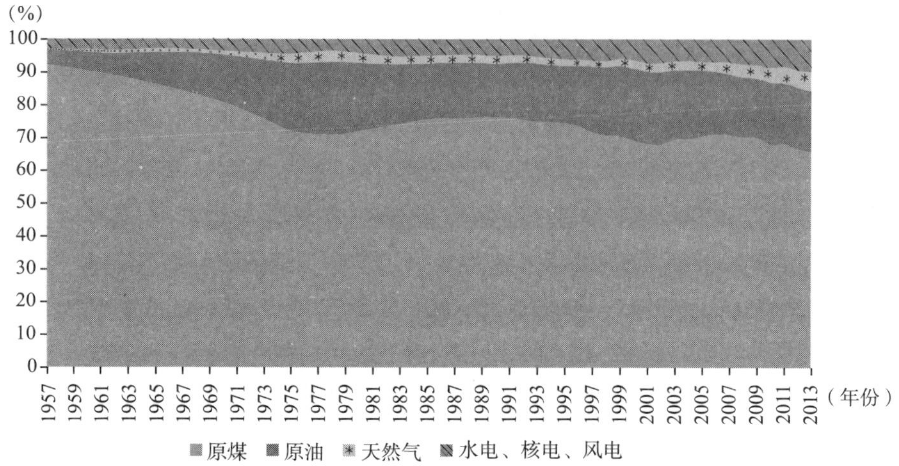

图 2-11　1957~2013 年中国能源消费的构成比例

资料来源：国家统计局。

炭在能源消费结构中的比例将会进一步降低。煤炭的替代产品主要是清洁能源，如天然气和水电等新能源。目前新能源开发技术不断提升，其使用成本逐步降低，煤炭的价格优势将会在政府调控和市场的共同作用下逐步消失。

（二）消费预期

在凯恩斯经济学中，预期占有重要地位，其基本原因在于他强调未来的不确定性对于人们的经济行为的决定性影响作用。凯恩斯将预期分为短期和长期两种，并且认为短期预期是价格预期，它决定厂商的现在产量和就业量；而长期预期是指资本的流动偏好，投资者会在持有货币或是投资证券的收益性之间进行选择，这种预期往往是不稳定的。

对于理性消费者，消费预期影响着商品最终消费量。在凯恩斯理论体系中，预期与不确定性均是核心的外生变量。Muth（1961）在《合理预期和价格变动理论》中首次提出“合理预期假说”，并将理性预期定义为：经济活动中理性的经济人在相同的信息背景下，做出一致的判断，并且这种预期总是与未来实际发生的情况相符合。理性预期理论的两个前提分别是：首先，经济活动参与者是理性的经济人，即消费者的行为满足效用最大化准则，生产者的行为满足利润最大化准则；其次，市场机制能够得到充分发挥。

Lucas 从 20 世纪 70 年代率先将理性预期假说成功地运用于宏观经济分析，开创了理性预期学派。Lucas 认为，理性预期是指“各经济主体在做出经济决策之前，会根据掌握的各种信息对与当前决策有关的经济变量的未来值进行预测。这种预期影响经济中所有参与者的行为，并对经济活动产生重大影响”。Lucas 基本观点主要是：“人们在经济活动中，根据过去价格变化的资料，在进入市场之前就对价格做出预期，这样，他们的决策是有根据的。市场会发生一些偶然情况，成为干扰因素，但可以事先计算它的概率分布，因此可以选出最小风险的方案，以预防不利后果的侵害。”理性预期理论在一定程度上能够作为分析宏观经济政策的有效工具。

作为经济社会的行为主体，企业直接参与生产与投资活动。在经济形势前景较好的背景下，企业均会对未来发展保持乐观的情绪，从而产生未来基础能源产品价格上涨的预期，这种预期会增加市场的煤炭需求量，从而引起煤炭价格的上涨。反之，如果企业或者投资者对未来经济发展信心不足，会产生悲观的情绪，在理性预期的作用下，进一步缩减投资规模，从而导致能源产品价格下降的经济现实。

经济行为主体的预期情况可以用经济景气指数来表达。经济景气指数包括采购经理指数、信心指数、中小企业发展指数、外贸出口先导指数等大类。不同的经济景气指数取值范围代表不同的经济意义，具体如表 2-2 所示。

表 2-2　经济景气指数不同区间的意义

取值范围	经济意义	补充说明
0~100	经济发展不景气	一般 100 是经济指数的临界值，景气指数越接近 0，经济越低迷
100~200	经济发展景气度较好	处于该区间，说明经济发展趋于上升期，越接近 200，经济发展越景气

较为常用的是企业家信心指数和企业景气指数等。据中国人民银行公布的季度企业景气指数显示，2009 年第一季度的企业景气指数达到 55.11 的低位，这主要与经济主体对全球金融危机产生的不乐观预期有关；从 2010 年第四季度开始，中国的企业景气指数一直处于下降趋势，2014 年第三季度下降至 54.50，充分反映了经济主体对中国经济未来运营状况的预期，如图 2-12 所示。

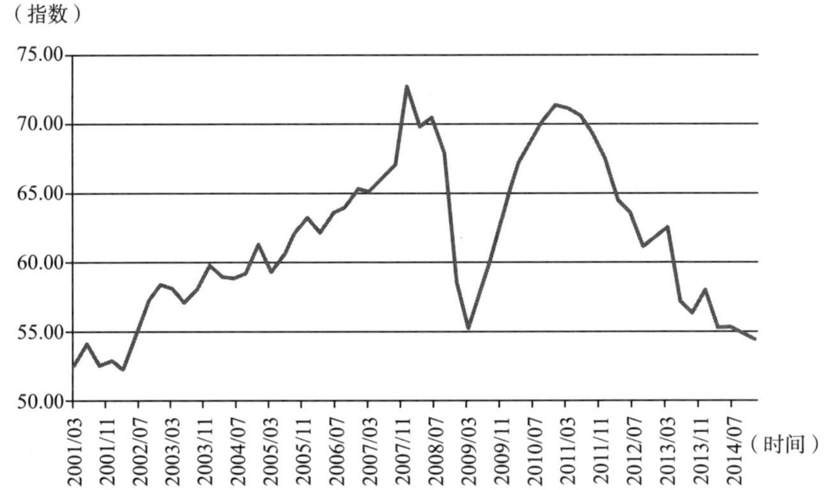

图 2-12　2001 年 3 月至 2014 年 12 月中国企业景气指数

资料来源：国家统计局。

不同行业的企业景气指数和企业家信心指数各不相同。受经济形势下行以及自然环境显著恶化的影响，煤炭行业的企业景气指数和企业家信心指数要明显低于石油和天然气开采业的相关指数。据国家统计局公布的2012年第二季度至2014年第三季度的景气指数显示（如图2-13所示），2013年以来煤炭行业的企业景气指数和企业家信心指数均较低，表明经济主体对煤炭行业整体的预期不乐观，与此同时，煤炭价格一直处于下跌态势。这也印证了市场预期对煤炭价格的影响。

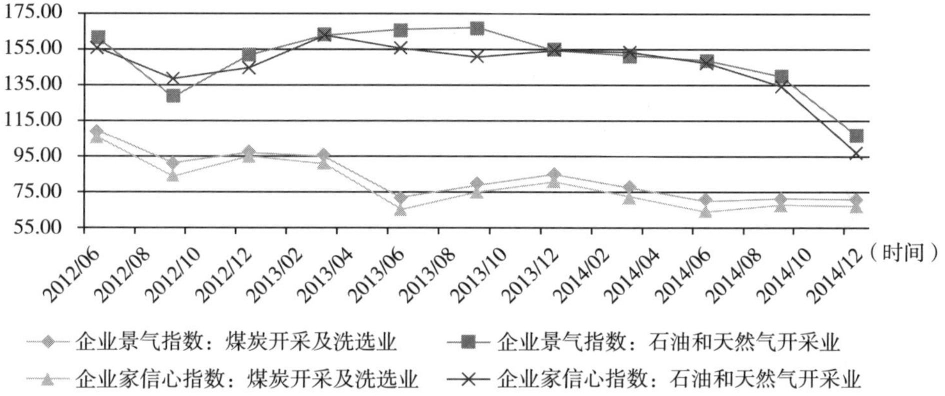

图2-13　2012年第二季度至2014年第四季度中国煤炭与石油、天然气企业景气指数

资料来源：国家统计局。

三、技术因素

技术因素在一定程度上制约着经济发展的整体水平，著名的柯布—道格拉斯生产函数中首次引入了技术因素，其一般的函数式为：

$$Y = A(t)L^{\alpha}K^{\beta}\mu \tag{2.1}$$

其中，Y是总产出，L、K分别为生产活动投入的劳动和资本要素，A是技术水平，α是劳动力的产出弹性系数，β是资本产出弹性系数，μ是随机干扰项。

当 $\alpha+\beta>1$ 时，生产规模报酬递增，在现有技术水平下，扩大生产规模是有利可图的。

当 $\alpha+\beta=1$ 时，生产规模报酬不变，在现有技术水平下，是否扩大生产规模对经济效益没有太大区别。此时要进一步扩大经济收益，应提高生产技术水平 A。

当 $\alpha+\beta<1$ 时，生产规模报酬递减，在现有技术水平下，扩大生产规模会降低经济收益。

柯布—道格拉斯生产函数中，技术因素 A 被看作一个固定的常数，事实上，技术因素是一个不断变化的因素，将其视为常数无法反映技术进步给产出带来的影响。柯布—道格拉斯生产函数在实践中应用较广，常用来衡量劳动力和资本投入对产出的影响，国际上，α 取值范围为 0.2~0.4，β 取值范围为 0.6~0.8；中国的 α 取值范围通常为 0.2~0.3，β 取值范围为 0.7~0.8。

技术因素对产出水平的影响在宏观经济的角度研究相对较多，但这并不能说明，微观领域的研究中能够忽视技术因素的积极作用。对于能源行业，技术因素对能源供给和需求量均形成直接影响。特别是在当前低碳经济发展的大背景下，能源行业的健康发展对先进生产技术水平的需求更加急迫。中国煤炭行业的发展模式一直属于粗放式经营模式的范畴，存在诸如产业链条较短、产品附加值低、煤炭利用效率低、生态环境污染严重等众多问题，这与中国未来低碳经济发展模式存在一定矛盾，而所有矛盾的解决都离不开煤炭行业技术水平的提升。煤炭开采以及深化开发技术的发展，既能够对煤炭开采过程中的副产品进行有效利用，又能提升煤炭行业的矿井回采率①，从而降低单位 GDP 的二氧化碳排放量，增加煤炭经营企业的盈利能力。

综上所述，先进煤炭开采以及加工技术的开发、引入和应用，不但有效减少环境污染，同时降低了煤炭开采成本，增加了单位产能的收益，对煤炭价格必然会产生重要影响。

① 矿井回采率：矿井开采出来的煤量和可采储量之比。

四、煤炭期货

短期内，商品市场价格的冲击主要来自金融因素的作用，比较典型的是期货、期权等衍生品的套期保值与投机行为。本节主要研究煤炭期货对煤炭价格的影响。

期货是市场参与者规避风险，实现套期保值的常见的金融衍生品。从本质上讲，期货是一种跨时期交易方式，买卖双方通过签订标准化合约进行交易，即现在进行买卖，将来进行标的物交割。期货价格能够综合反映交易双方对未来某个时间市场供求关系以及商品价格走势的预期，标的物可以是商品，也可以是金融产品。

商品价格受到众多因素的影响，波动方式较为复杂，频繁的价格波动给市场经济主体带来了潜在的风险。为规避价格波动风险，期货交易得到了广泛应用。通过在期货市场买进或卖出与现货市场上数量相等但交易方向相反的期货合约，能够有效降低商品价格波动带来的风险，对经营者盈利能力形成一定的保障。按现货标的物的分类，期货主要分为两大类：商品期货和金融期货。商品期货细分为工业品期货、农产品期货、其他商品期货等；金融期货主要是金融商品期货和股指期货等。中国共有四家大型的期货交易场所：中国金融期货交易所、上海期货交易所、大连商品交易所、郑州商品交易所。

能够作为期货的商品必须具备以下特征：供应量大、品质易划分、易储藏以及价格波动频繁等。焦炭和动力煤具有明显的上述特征，能够成为期货交易的对象。以焦炭为例，具备如下特征：①焦炭属于大宗商品，在高炉炼铁、有色金属冶炼、铸造、化工等领域均有广泛应用。②焦炭易于划分品质，期货合约的标的必须是标准化商品，能够对其质量进行分级和量化表示。焦炭具有这种品质，目前中国焦炭按灰分、挥发分、含硫量、发热量等指标分为三个等级。③焦炭易于储藏，其性质稳定，不易变质，适宜各种运输方式。④焦炭价格波动频繁。受国际国内经济和社会因素的影响，焦炭价格波动频繁，且波动幅度剧烈，具有套期保值和规避价格风险的必要。由于上述四个特征，焦炭具备成为期货产品的必要条件。煤炭期货主要是焦炭期货和动力煤期货，其中动力煤期货于 2013 年 9 月 26 日首次在郑州商品交易所进行交易，成为中国目前最大的商品期货品种。对于工业企业，经常会面临煤炭价格上涨、运输成本上升等影响企业经营稳定性和盈利水平的情况，如果企业能够利用煤炭期货合约交易就会较大程度上规避、转移或分散由于煤炭价格波动带来的经营成本上升等风险。

期货具有两大功能即发现价格和规避风险，有学者认为期货价格是产品未来现货价格的无偏估计。在期货市场产生之前，生产者主要依据现货市场价格进行生产决策。由于现货交易市场比较分散，现货市场价格信息具有的零散性和片面性，导致对未来市场供求关系预测的精度较低，在指导实践经营过程中存在滞后性的弊端。期货市场价格具有信息量大、公开程度高等特点，对未来市场价格预期的精确度高，能够对商品价格走势产生一定的影响。如果商品期货价格上升，则其现货价格会发生同向变化。

煤炭期货产品能够较全面和精确地反映未来煤炭市场供需状况，对工业企业的未来经营起到了指导作用。如 2013 年 9 月 26 日动力煤期货上市，所有相应的远期合约均有 5%以上的涨幅，说明市场对煤炭未来发展状况较为乐观，这对煤炭现货价格长期下跌的煤炭市场将产生有利影响，煤炭工业企业的经营规模、策略可能会做出相应的调整。

五、政府调控

长期以来，中国煤炭价格处于政府的严格管制之下，市场的作用得不到充分发挥。煤炭价格的演变过程大致分为三个阶段：第一阶段，国家控制煤价阶段（1949~1985 年）；第二阶段，煤炭价格双轨制阶段（1985~2005 年）；第三阶段，煤炭价格市场化发展阶段（2005 年之后）。

煤炭价格受到众多因素的影响，偏离市场作用的价格管制长期执行，必然会产生“供给”与“需求”的缺口。如果政府通过各种管制手段决定的煤炭价格高于市场机制决定的煤炭价格，则市场对煤炭的需求就会被迫降低，导致煤炭供给量相对过剩，出现供过于求的问题；反之，如果政府通过管制手段决定的煤炭价格低于市场价，则会人为地增加煤炭的市场需求量，导致供不应求的问题出现。政府的过度干预，使得价格机制调节市场供求的作用得不到发挥，煤炭的定价机制偏离市场方向，导致煤炭价格失真，从而进一步影响煤炭价格的走势。2009 年末，国家发改委发布《关于完善煤炭产运需衔接工作的指导意见》，公布：“2010 年度以后，煤炭和电力企业将完全自主进行煤炭价格的谈判”，意味着，长期的煤炭价格管制结束，政府退出煤电谈判，煤炭价格更多地受市场变化的作用，而非政府调控的指导。煤炭价格市场化程度加强，受各种因素影响，其波动性加剧。

中国经济的快速发展带来了严重的环境问题，生态环境的显著恶化加速了经济结构的转变。煤炭是二氧化碳的主要来源，燃煤的大量使用造成了严重的空气污染。提高空气质量，首先要降低煤炭消耗量，其次要增加清洁能源的使用量。在中国政府宏观调控政策引导下，2014 年中国火电厂利用率下降至 53.7%，达到历史最低点，相应的发电用煤量大幅下降。与 2013 年相比，发电用煤量减少了 1800 万吨。2013 年煤炭在中国一次能源消耗中占比为 66%，2014 年这一比例为 64.2%，据相关规划可知，中国于 2020 年计划将使这一比例下降至 62%以下①。

在政府政策引导以及市场调节的作用下，钢铁、焦炭、水泥等高耗能、高污染行业的未来发展空间受到较大程度的挤压。经济发展格局的变化，对能源行业的发展影响较大，必然会带来煤炭价格的变化。

---

① 资料来源于中国日报网财经频道，网址为 http://www.chinadaily.com.cn/hqcj/xfly/2015-03-30/content_13462658.html。

六、其他因素

煤炭价格不但受经济体系内部因素的影响，同时也受到了政策环境、政治干预、经济结构性变革、国际市场大规模投机行为等外部冲击的影响。外部影响因素加剧了煤炭市场的不确定性，导致煤炭价格波动。本节主要分析经济危机以及经济结构变革对煤炭价格的影响。

（一）重大经济事件

经济社会发生的重大事件对国内外经济环境均会产生较大影响，如2007~2008年爆发的全球性金融危机对全球经济体均产生严重的负面影响，世界经济形势整体下滑。受此影响，国际煤炭市场价格下滑，中国的煤炭市场必然会受到影响。以西北欧煤炭现货价格和美国阿帕拉契煤炭现货价格指数为例，2009年均大幅下降，较2008年分别降低52.15%和42.68%，从图2-14能够明显地看到经济危机发生后给国际煤炭现货价格带来的巨大影响。

受经济危机影响，中国煤炭价格也发生了同样趋势的变化，2008年9月之后，中国多个煤炭品种的价格均出现不同程度的下降，如秦皇岛港口的山西产动力煤（5500大卡）的价格由2007年12月的905.57元/吨下降至2008年10月的538.13元/吨，下降幅度达到40.58%。

经济危机导致国际经济环境恶化，国内外的煤炭市场需求大幅减少。中国煤炭市场出现供给相对过剩的现象，全国的煤炭社会库存不断增加，2008年7月的社会库存为1.37亿吨，12月底增加至1.84亿吨。短期内，煤炭需求减少，但煤炭供给量仍保持较高水平，煤炭库存持续增加，导致煤炭价格的下跌。

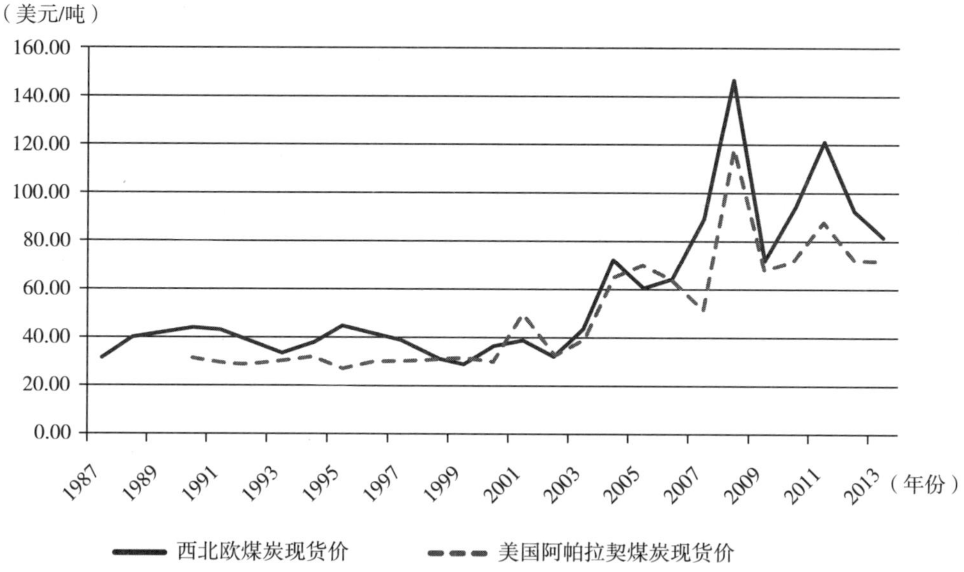

图 2-14 1987~2013 年国际煤炭现货价格指数变化趋势

资料来源：Wind 资讯。

（二）经济结构变革

中国经济增长对投资的依赖程度较高，经济增长方式存在一定的不合理。国民经济持续快速的发展，导致经济结构一定程度的失衡，主要包括产业发展不协调、供需结构失衡、生产要素利用率较低、资源环境约束显著等。

为应对经济危机带来的国内外经济形势的变化，避免经济的进一步下滑，中国政府出台了一系列经济刺激计划，短期内刺激了经济的发展，中国也成为最早摆脱经济危机影响的国家之一。但长期来看，经济刺激计划带来的一系列后续问题已经凸显。经济刺激计划带来了巨大的市场需求，工业企业大规模扩大生产以满足市场，但这种需求没有后续强劲的支撑，由此带来产能过剩的问题已经严重地影响了经济社会的正常发展。目前较严重的产能过剩行业有：钢铁、水泥、煤化工、平板玻璃、多晶硅以及风电设备制造业等。受此影响，煤炭价格一直徘徊在低位，2011 年 9 月之后，秦皇岛港口山西产动力煤（5500 大卡）的价格持续下跌，由 2011 年 9 月的 830.24 元/吨降至 2015 年 2 月的 490.88 元/吨（如图 2-15所示），与此同时，整个煤炭市场也长期处于不景气状态。未来中国经济发展增速放缓，经济结构必然随之调整，第三产业发展规模在国民经济中的比重继续上升，能源消耗最大的第二产业发展规模逐步缩小。因此煤炭的市场需求将会受到抑制，受其影响，煤炭价格上涨存在较大的压力。

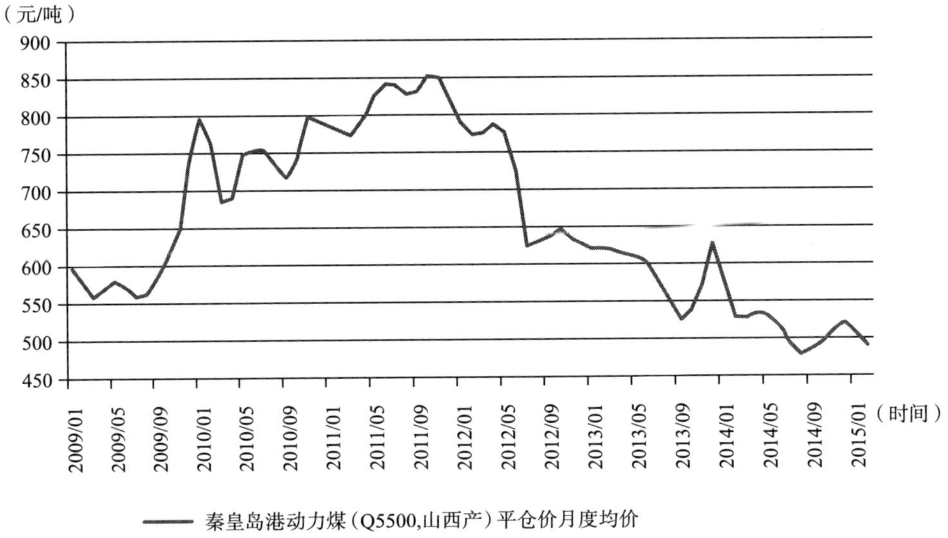

图 2-15　2009 年 1 月至 2015 年 2 月中国动力煤价格走势

资料来源：Wind 资讯。

（三）物流运输成本

煤炭的物流运输成本对其价格产生直接影响，目前我国煤炭主要的运输形式为铁路运输、公路运输和水路运输。通常情况下，煤炭的物流运输成本增加，则煤炭价格相应增加；反之亦然。因此，物流运输成本是影响煤炭价格的一个重要因素。

煤炭工业网数据显示，2013 年我国有铁路营运里程 7 万多公里，仅占世界铁路总营运里程的 6%，却完成了世界 24%的运输量，平均负荷是世界平均水平的 4 倍。根据铁路发展计划，大秦线、朔黄线、蒙冀线三大运煤铁路合计运输能力最终将达到 11 亿吨。以上数据说明，中国铁路运输能力长期处于较为紧张的状态，但随着铁路发展规模的升级，铁路运输能力将得到提升。

在经济发展状态较好的情况下，煤炭运输量一般会处于高位；反之，如果经济下行，则煤炭运输量会相应下降。中国煤炭工业协会数据显示，2000~2011 年，我国铁路煤炭运量持续较快增长，运量由 2000 年的 7.3 亿吨增加到 2011 年的 22.7 亿吨，年均增速 10.8%。2012 年以来，受煤炭需求下降，跨区送电以及公路运输替代等因素的影响，2012~2014 年运量基本呈现零增长，维持在 23 亿吨左右。

受国内外宏观经济不景气的影响，煤炭价格一直处于低位。中央及地方政府纷纷出台政策为煤企“减负”，但是煤炭的运输费用却一直没有得到有效调整。煤炭铁路运输费用在煤企成本中所占的比重依然较大。

以内蒙古煤炭为例，现在北方港煤炭的下水价格为 375 元/吨，其中坑口价为 125 元/吨，港杂费 30 元/吨，其他的 220 元全部为运费，目前通过水路运输的煤矿，其价格的 58.6%均为运输费用。

煤炭铁路运输的费用在煤炭行业景气度较低的背景下，却不降反升，一定程度上对煤炭价格产生了压力。2015 年 2 月，国家铁路货物统一运价率平均每吨公里提高 1 分钱，即由以前 14.51 分提高到 15.51 分，其中，大秦铁路运输煤炭的运费将从原来的每吨公里 8.9 分提高到 9.8 分。在此次铁路运费上调之后，通过大秦线把煤炭从大同运输到秦皇岛港的运费将增加 7~10 元/吨。

物流运输成本的变化对煤炭价格产生直接影响，在我国特殊的背景条件下，煤炭价格受此影响带来的压力较大。

七、本章小结

本章从宏观、微观以及理性预期的角度对影响煤炭价格的因素进行了梳理及分类分析，将煤炭价格影响因素概括为 6 大类：①供给、需求以及其他宏观经济变量。宏观经济影响因素从 GDP 水平、利率水平和货币供给量的角度展开分析。②替代品和消费预期。石油、电力以及新能源等作为煤炭的替代消费品，其价格变化以及消费结构对煤炭价格产生影响。经济主体对经济发展的预期影响了能源的市场价格，本章引入景气指数展开详细分析。③煤炭行业技术水平。煤炭行业新技术的使用能够降低产品单位耗能，增加单位产能的收益，从而提高煤炭价格的市场竞争力。④煤炭期货。煤炭期货是中国目前最大的商品期货品种，对企业稳定运营、保障盈利能力、规避经营风险起到积极作用。⑤政府调控。煤炭在中国能源消耗结构中占重要地位，长期以来受到政府严格监管，煤炭价格不能真实反映其市场需求状况。2009 年以来政府对煤炭价格管制结束，煤炭价格市场化程度加强。⑥外部环境等其他因素。煤炭价格影响因素众多，且难以一一衡量，本章按重要性原则进行梳理和说明。

第三章
煤炭价格波动特征研究

煤炭作为中国经济发展的主要能源，改革开放以来有力地支撑了国民经济以及社会的快速健康发展。煤炭价格的波动特征一定程度上反映了煤炭价格机制的演变历程。

煤炭价格的演变过程大致分为三个阶段：第一阶段，国家控制煤价阶段（1949~1985 年）。这一阶段，煤炭价格并不能由煤炭市场的供给与需求直接影响，而是由国家根据生产实际进行控制。一般情况下，重要的生产资料，如煤炭和粮食等均实行低价政策。随着经济的发展，低价政策导致煤炭企业的长期亏损，后来煤炭价格经过几次政府调整，但煤炭价格波动均不能反映社会的供给状况。第二阶段，煤炭价格双轨制阶段（1985~2005 年）。为适应经济发展的需求，该阶段，国家放开了小煤矿市场价格，国有煤矿的超产煤允许按市场价格进行销售。煤炭行业的市场化改革程度逐步深入，但电煤价格仍处于管制状态。2002 年后，国家出台了煤电价格联动政策，在不同区域形成了电煤与市场煤价格、计划内与计划外价格、省内与省外价格。第三阶段，煤炭价格市场化发展阶段（2005 年之后）。2005 年开始，煤炭价格相关改革方案逐步实施；2006 年，国家不再直接干预电煤价格；2007 年，国家取消由政府组织的产运需企业召开订货会的做法；2008 年，逐步形成煤炭价格体制，煤炭价格波动能够在一定程度上反映市场的供需状况，市场化程度增强。

煤炭价格波动研究具有重要的现实意义，在微观层面，能够帮助煤炭企业把握煤炭价格走势，改变和调整经营策略，规避经营风险；在宏观层面，有助于决策层准确了解煤炭价格波动的特征，从而制定相关政策引导煤炭行业健康发展。本章主要从煤炭价格波动的长期趋势、周期性、结构性断点以及中国不同区域煤炭市场的集成度等方面对煤炭价格波动特征展开研究。

一、煤炭价格波动性分析

本节选用国家统计局公布的 1980 年到 2013 年煤炭及炼焦工业的工业生产者出厂价格指数为煤炭价格中长期预测研究的代表序列（以下简称为煤炭价格指数）。从图 3-1 中，可以对中国在过去 30 年煤炭价格的大致走势情况做出直观的判断和了解。

煤炭价格波动直接反映了国民经济的发展状况。1984 年末中国经济发展“过热”，紧随其后，1985 年的煤炭价格指数达到 117. 60，出现了本书观测区间的第一个煤炭价格波峰；随着经济的持续快速发展，煤炭价格在 1987 年之后呈现上升趋势，1993 年煤炭价格指数达到 139. 70，为第二个波峰期，1997 年 7 月亚洲金融危机的爆发对中国产生了较大的持续性影响，经济发展在 1999 年跌入波谷，煤炭价格指数为 94. 80。1999 年之后中国经济开始进入新一轮上升期，一直到 2007~2009 年的全球金融危机席卷了全球经济体，中国经济发展于 2009 年跌入低谷，煤炭价格指数下降为 98. 50，考虑到国内外经济发展严重下滑的状况，中国出台了“四万亿经济刺激计划”等系列措施拉动国内经济发展，短期内取得了一定的效果，

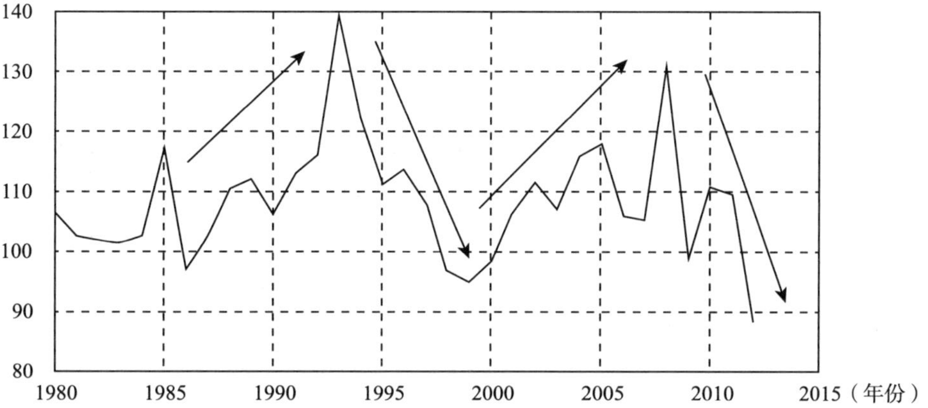

图 3-1　1980~2015 年中国煤炭及炼焦工业生产者出厂价格指数

资料来源：国家统计局。

经济下行发展得到了一定的抑制，但此次大幅度的经济刺激计划带来了后续的一系列经济问题。如中国经济发展严重依赖固定资产投资建设，据国家统计局数据显示，2000 年全社会固定资产投资完成额为 3.29 万亿元，之后该数额呈现指数级增长，2014 年增长到 51.28 万亿元。全社会固定资产投资指数级快速增长，促使中国经济结构性弊病日趋严重。目前经济刺激计划给整个社会的发展带来了一系列问题，其中产能过剩表现得尤为突出，特别是在煤炭、钢铁、水泥等行业出现了严重的产能过剩。2013 年中国煤炭及炼焦工业的工业品出厂价格指数大幅下降为 88.90，从另一个侧面反映了经济刺激计划给中国经济发展带来的严重后果。

二、煤炭价格波动长期趋势及周期分析

为进一步对煤炭价格波动的长期趋势和周期性进行分析，本节以国家

统计局公布的1980年到2013年煤炭及炼焦工业的工业品出厂价格指数为样本数据（标识为CP），通过HP滤波方法做相关定量分析。

HP滤波方法由Hodrick和Prescott（1980）提出，被广泛应用于时间序列趋势分解分析研究中，该方法认为，时间序列由两部分构成，即长期趋势和循环因素（本节将循环因素称为周期性因素），可以简单表示为式（3.1）：

$$Y_t = Y_t^T + Y_t^c, \quad t = 1, 2, \cdots, T \tag{3.1}$$

其中，Y_t^T为长期趋势因素，Y_t^c为周期性因素。通过HP滤波方法，将煤炭价格时间序列的长期趋势和周期波动分离出来，有助于更好地把握煤炭价格波动特征。HP滤波理论的核心即损失函数的最小值求解，即：

$$\min\left\{\sum_{t=1}^{T}(Y_t - Y_t^T)^2 + \lambda\sum_{t=2}^{T-1}[(Y_{t+1}^T - Y_t^T) - (Y_t^T - Y_{t-1}^T)]^2\right\} \tag{3.2}$$

其中，参数λ决定了HP滤波的程度和效果①，一般地，对于年度数据的处理，λ取值为100；对于季度数据，λ取值为1600；对于月度数据，λ取值为14400。基于经验选择，本节的λ取值100。

HP滤波分解的长期趋势情况如图3-2所示，通过对煤炭价格长期趋势的分离分析，屏蔽了其他波动因素的影响，不但能够从整体的角度研究煤炭价格波动特征，且能够通过长期趋势序列建模进行未来走势的预测分析，具有一定的现实意义。

价格周期即两个相邻价格波谷之间的时间距离，包括价格从波谷到波峰的增长过程和从波峰到波谷的下降过程。波峰是存在于波谷之后，其前有一定数量的价格观测值低于波峰，其后存在至少相同数量的价格观测值低于波峰②；波谷的定义与波峰正好相反。煤炭价格波动的周期分析对煤炭市场价格预测以及煤炭经营管理企业存货管理具有积极意义。

---

① 该部分内容引自高铁梅（2009）编著的《计量经济分析方法与建模——Eviews应用及实例（第二版）》第41页。

② 煤炭价格周期的观点借鉴Walter C. Labys（2006）而提出。

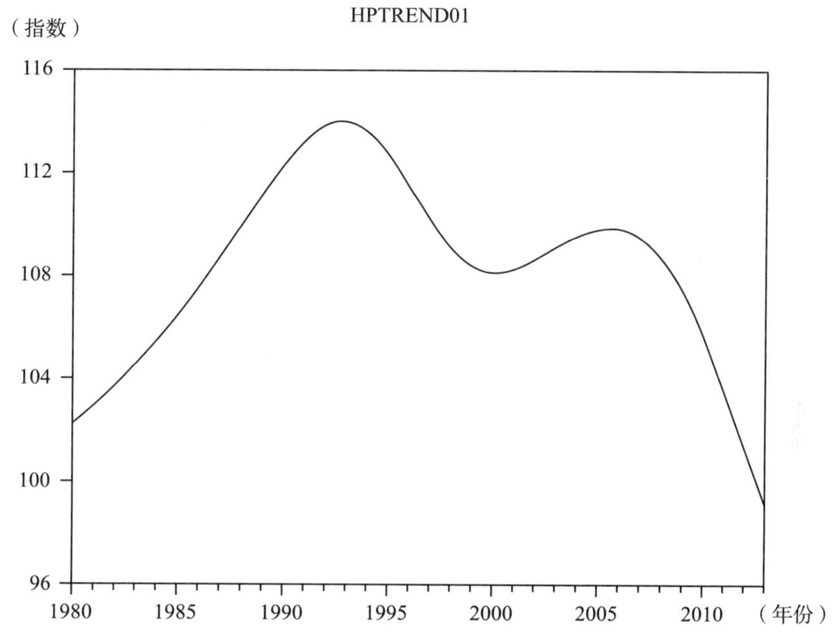

图 3-2　HP 滤波分解的中国煤炭价格长期趋势

HP 滤波分解的煤炭价格周期波动情况如图 3-3 所示。从图 3-3 可知，1980~2013 年，煤炭行业大概经历了两个周期。以 1999 年为分界点，本书将 1999 年之前的煤炭价格波动称为第一周期阶段，1999 年之后称为第二周期阶段。第一周期起于 1986 年，终止于 1999 年，波峰出现在 1993 年，周期持续时间为 14 年；第二周期起于 1999 年，2013 年处于该周期接近波谷水平，波峰出现在 2008 年，周期持续时间大致为 14 年，因目前经济形势仍不容乐观。目前中国仍处于煤炭价格波动的第二周期阶段。受样本数据的限制，无法对中国煤炭价格波动的周期性做更细致的分析，初步认为，煤炭价格波动的长周期约为 14 年。

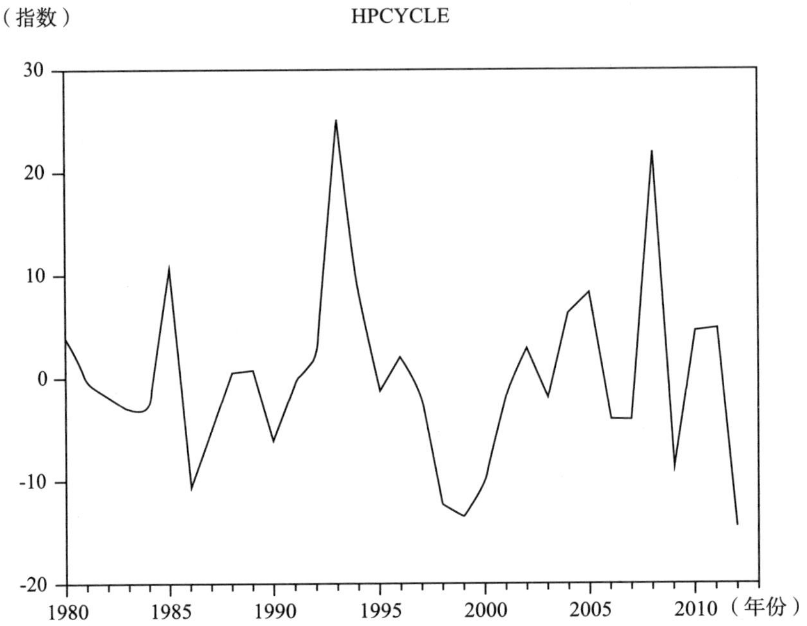

图 3-3 HP 滤波分解的中国煤炭价格周期波动

三、煤炭价格波动的结构性断点分析

在价格长期波动的实证分析中，较为瞩目的是结构性断点分析。Chow（1960）提出 Chow 断点检验方法，即将线性回归过程按已知的结构断点分段，分别进行回归，建立 F 统计量进行参数稳定性检测，若 F 统计量不超过其 F 表中选定的显著性水平，则不能拒绝参数稳定的假设，即可以认为回归过程中没有断点。自 20 世纪 80 年代以来，对商品价格进行断点分析的文献开始涌现，如 Perron（1988、1989、1994、2006）对时间序列回归的单位根检验进行研究，认为单位根检验证明的不平稳过程有可能是趋势平稳过程，在做 ADF 检验时加入了突变成分，并在后续的研究中将宏观经济序列、石油价格以及农产品价格作为研究对象，对时间序列受到的冲击、出现的结构性断点进行分析研究。Perron 将时间序列的结构性断点（或称为“突变点”）视为已知，推导出单位根统计量的渐进分布，同时给出了单位根统计量临界值表，提出了 Perron 检验；Arseni 和 Wright（1992）对商品价格综合指数的趋势进行了研究；Zivot 和 Andrews（1992）分析了原油价格断点与 GDP、工业产出等 6 种宏观经济变量的关系，提出了递归且顺序的单位根和趋势—断点假设检验，将对时间序列的断点作为未知先验，给出其预测断点统计量的渐进分布，对其进行内生性检验；Lumsdaine 和 Stock（1992）以及 Perron（1994）对 Zivot 和 Andrews 提出的断点内生性检验方法进行了扩展性研究。

在上述理论基础上，本节选用国家统计局公布的 1980 年到 2013 年煤炭及炼焦工业的工业品出厂价格指数为样本数据，对煤炭价格长期波动的趋势进行初步分析，下面从定量的角度对煤炭价格长期波动的稳定性做相应的测量和分析。首先通过 ADF 检验判断其是否具有单位根。借助于软件 Eviews 6.0，能够获得如表 3-1 所示的检验结果（CP 表示煤炭价格）。

表 3-1　煤炭价格的 ADF 检验结果

变量	检验类别	ADF 检验值	显著性概率	5%的临界值	结论
CP	(c, t, 0)	-3.753644	0.0328	-3.557759	平稳
	(c, 0, 0)	-3.877518	0.0057	-2.957110	平稳
	(0, 0, 0)	-0.379102	0.5395	-1.952066	非平稳

说明：本表数据根据 Eviews 软件分析整理而得。注：检验类别（c，t，n）中，c 表示截距项，t 表示趋势项，n 表示滞后阶数，此处的滞后阶数 n 根据 Schwarz Info Criterion 准则自动选择为 0。

从检验结果来看，煤炭价格指数序列在 95%的置信度水平下，可以认为是平稳的，不含有单位根。因此本节认为，一定程度上，中国煤炭价格在 1980~2013 年的长期波动中不存在断点，经济环境中面临的重大经济危机并没有给煤炭价格波动带来结构性的变动，这从另一个角度证明了中国煤炭市场的有效性。

四、煤炭价格波动的收敛性分析

煤炭市场是一个涵盖国内、国外煤炭市场的综合性概念。本节通过煤炭价格收敛性分析对煤炭市场的集成程度进行了研究。Roehner（1995）通过市场上商品价格之间的差异来定义市场集成程度。一般的价格收敛实证分析大部分是在“一价定律”的理论框架内进行，“一价定律”认为，“经汇率和运输成本调整商品的国内价格和国外价格应是一致的”，大部分市场集成程度研究的实证分析以不同商品之间价格为研究对象。本节以国内煤炭市场为研究对象，煤炭价格收敛性分析为工具，研究国内不同煤炭市场之间的集成程度。

本节采用协整分析的方法分析国内煤炭价格收敛性，受数据选取难度以及时间限度的制约，选用陕西韩城动力煤（灰分 20%～25%，挥发分 17%～20%，硫含量为 0.5%，发热量为 5000 大卡）车板价、安徽宿州动力煤（灰分 30%，挥发分 20%～25%，硫含量为 0.7%，发热量为 4500 大卡）车板价、山东兖州动力块煤（灰分 14%～16%，挥发分 30%，硫含量为 0.7%，发热量为 6000 大卡）车板价的月度数据为样本数据，样本区间为 2008 年 12 月至 2013 年 10 月，数据来源为 Wind 资讯。上述样本简称为陕西动力煤价格（SX）、安徽动力煤价格（AH）、山东动力煤价格（SD）。

（一）季节性调整

由于月度时间序列经常存在季节性因素，为消除季节变化对经济活动产生的影响，本节首先对数据进行季节性调整，采用的调整方法是 Census-X12 法。符号 SX_ SA 、AH_ SA、SD_ SA 分别表示经过季节性调整的陕西、安徽和山东的动力煤价格，以上操作通过 Eviews 6.0 实现。结果如图 3-4 所示，样本数据经季节性调整后具有基本一致的变化趋势，初步说明中国煤炭市场具有一定的集成性。下面做具体分析。

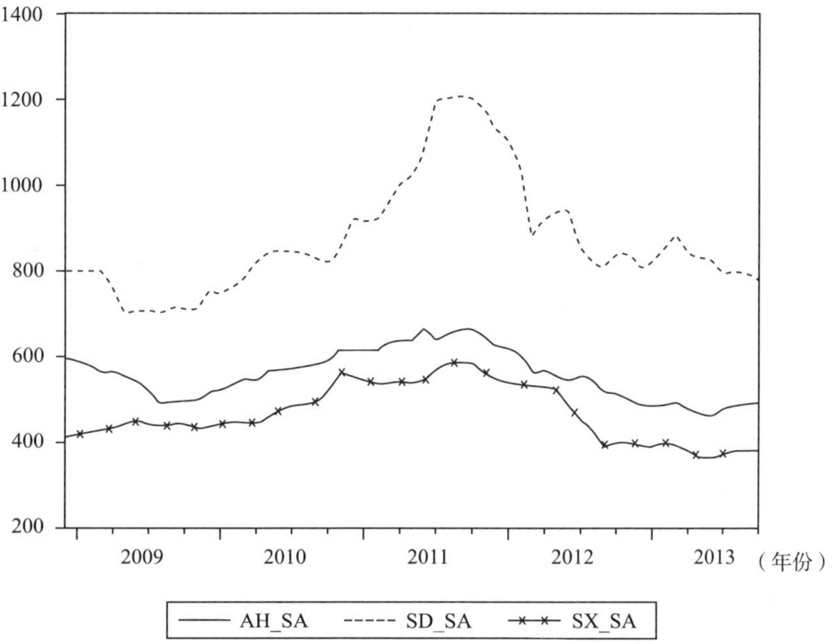

图 3-4 2008 年 12 月至 2013 年 10 月陕西、安徽、山东动力煤价格变化趋势

资料来源：Wind 资讯。

（二）时间序列的平稳性检测

收敛性在统计上的定义具有一个重要的条件，即平稳性。不同市场之间的煤炭价格差异如果是一个稳态过程，则煤炭价格是具有收敛性的。因此煤炭价格是否具有收敛性，可以通过协整分析予以说明。

进行数据分析的前提是对其平稳性检测，非平稳序列的建模容易导致虚假回归等问题的出现。协整理论说明，如果不同的非平稳序列具有共同的变化趋势，它们的线性组合有可能是平稳序列，即这些非平稳序列具有协整关系，同样具有经济分析意义。

通过对三个变量的单位根检验，可以得到如表 3-2 所示的结果。

表 3-2　三个区域煤炭价格的 ADF 检验结果

变量	检验类别	ADF 检验值	显著性概率	5%的临界值	结论
AH_ SA	(c, t, 0)	-0. 831356	0. 9564	-3. 489228	非平稳
	(c, 0, 0)	-0. 689298	0. 8410	-2. 912631	非平稳
	(0, 0, 0)	-1. 027120	0. 2706	-1. 946549	非平稳
SD_ SA	(c, t, 0)	-0. 766126	0. 9626	-3. 489228	非平稳
	(c, 0, 0)	-1. 438717	0. 5571	-2. 913549	非平稳
	(0, 0, 0)	-0. 284374	0. 5791	-1. 946654	非平稳
SX_ SA	(c, t, 0)	-1. 327795	0. 8708	-3. 490662	非平稳
	(c, 0, 0)	-1. 106127	0. 7076	-2. 913549	非平稳
	(0, 0, 0)	-0. 390269	0. 5391	-1. 946654	非平稳
ΔAH_ SA	(0, 0, 0)	-6. 312130	0. 0000	-1. 946654	平稳
ΔSD_ SA	(0, 0, 0)	-5. 526834	0. 0000	-1. 946654	平稳
ΔSX_ SA	(0, 0, 0)	-4. 466194	0. 0001	-1. 946654	平稳

说明：本表数据根据 Eviews 软件分析整理而得。注：检验类别（c, t, n）中，c 表示截距项，t 表示趋势项，n 表示滞后阶数，此处的滞后阶数 n 根据 Schwarz Info Criterion 准则自动选择为 0。

（三）时间序列的 Johansen 检验

Johansen 检验是 Johansen（1988）和 Juselius（1990）提出的基于向量自回归模型（VaR）的回归系数检验方法，适用于多变量协整检验。

首先建立上述三变量的 VAR 模型，由于上述三个变量均为 I（1）变量，故建立如下 VaR（2）模型：

$$\begin{bmatrix} dAH\_\ SA_t \\ dSD\_\ SA_t \\ dSX\_\ SA_t \end{bmatrix} = \begin{bmatrix} 31.08346 \\ 4.537749 \\ -14.78736 \end{bmatrix} + \begin{bmatrix} 0.946914 & 0.033678 & 0.295448 \\ 0.447251 & 1.089487 & 0.605873 \\ 0.173586 & -0.004003 & 1.304273 \end{bmatrix} \begin{bmatrix} dAH\_\ SA_{t-1} \\ dSD\_\ SA_{t-1} \\ dSX\_\ SA_{t-1} \end{bmatrix}$$

$$+\begin{bmatrix} -0.095475 & -0.041866 & -0.172662 \\ -0.395550 & -0.201337 & -0.466357 \\ -0.008076 & -0.015971 & -0.433193 \end{bmatrix}\begin{bmatrix} dAH\_SA_{t-2} \\ dSD\_SA_{t-2} \\ dSX\_SA_{t-2} \end{bmatrix} \quad (3.3)$$

模型的效果指标如表 3-3 所示。

表 3-3　VaR 模型的效果指标

	dAH_ SA	dSD_ SA	dSX_ SA
R-squared	0. 947410	0. 935949	0. 969208
Adj. R-squared	0. 941099	0. 928263	0. 965513
Sum sq. resids	10272. 05	71093. 45	7794. 979
S. E. equation	14. 33321	37. 70768	12. 48598
F-statistic	150. 1248	121. 771	262. 3002
Log likelihood	-228. 912	-284. 047	-221. 048
Akaike AIC	8. 277622	10. 21219	8. 001675
Schwarz SC	8. 528523	10. 46309	8. 252576
Mean dependent	556. 371	877. 172	468. 2089
S. D. dependent	59. 0585	140. 7853	67. 23492

在式（3. 1）模型的基础上进行 Johansen 检验，检验结果如表 3-4 所示。最大特征根统计量检验说明，只有一个最大特征根统计量大于 5%显著性水平下的临界值，故只有一个原假设被拒绝，即三个地区煤炭价格序列有且只有一个协整关系。

表 3-4　Johansen 检验结果

Hypothesized No. of CE（s）	Eigenvalue	Max-Eigen Statistic	0. 05 Critical Value	Prob. **
None *	0. 324780	21. 99214	21. 13162	0. 0378
At most 1	0. 086962	5. 094786	14. 26460	0. 7298
At most 2	0. 021552	1. 220135	3. 841466	0. 2693

说明：* 表示在 0. 05 的显著性水平下拒绝原假设；** 表示 Mackinnon-Haug-Michelis p 值。

本节以安徽、山东、陕西煤炭价格为代表，研究了中国煤炭市场不同区域之间价格差异的平稳性。据 Johansen 检验结果显示，三个变量之间存在协整关系，当商品市场的自由化程度越高时，煤炭价格在长期波动中的收敛性越明显，因此中国煤炭市场价格收敛性证明了其市场的集成度较好。

五、本章小结

本章对煤炭价格波动的特征进行分析研究，在对煤炭价格整体分析的基础上，以 1980 年到 2013 年的煤炭价格序列为样本数据，通过 HP 滤波方法将煤炭价格波动分解为长期波动和周期波动，认为煤炭价格波动的长周期约为 14 年；通过 ADF 检验方法对煤炭价格波动的平稳性分析，否定了样本期内煤炭价格波动结构性断点的存在；通过协整分析方法对三个地区煤炭价格的收敛性进行研究，认为中国不同煤炭市场之间的价格差异比较稳定，市场的集成度较好。

第四章
煤炭价格走势预测研究

作为煤炭价格波动的重要组成部分，煤炭价格走势研究对政府机构的政策制定以及微观企业稳定经营均有积极意义。目前能源价格预测仍以石油价格预测为主，以煤炭价格为单一预测目标的文献相对较少。煤炭价格预测模型在石油价格研究模型的基础上逐步引申发展。本章在煤炭价格预测模型分析基础上，从短期预测和中长期预测的角度，分别应用卡尔曼滤波理论以及灰度预测模型对煤炭价格进行预测分析。

一、经济预测基本理论及方法

（一）经济预测理论

煤炭价格预测在能源价格体系构建中具有重要意义，中国以煤炭为主的能源消费格局短期内不会改变，目前煤炭占一次能源消费总量的64.2%左右，因此煤炭价格的波动会给各产业正常发展带来一定影响，甚至波及地方经济的稳健性，如以煤炭为支柱产业的山西、内蒙古以及陕西、河南等省区，近年来的经济景气度受到煤炭价格波动的影响较大。因此，煤炭价格预测具有重要的现实意义，煤炭价格的精确预测对上下游行业规避经营风险、调整产业规模以及宏观层面的能源价格政策引导均有着积极意义。随着预测理论的快速发展及其在价格预测领域的广泛应用，煤炭价格预测具备充足的理论支持。

1. 预测理论

预测就是“根据事物以往发展的客观规律和当前出现的各种可能性，运用科学知识、方法和手段，对事物未来发展趋势和状态预先做出科学的估计和评价”。预测理论分为两大类：定性预测和定量预测。

定性预测以人的经验和主观判断为主，对事物的特质未来状况做出的判断，主要包括德尔菲法、主观概率法、市场调查法、模拟推理法、情景分析法等。在样本数据较少、数学模型难以建立的条件下，使用定性预测分析方法可行性较高，主要依赖专业人士的主观判断，具有一定的主观片面性。

定量分析方法是以统计学、系统论、信息论、计量经济学等学科为基础，应用数理模型，通过计算机仿真模拟等技术手段，判断事物未来发展的方法。包括时间预测方法、回归分析方法、组合预测方法等。时间序列预测方法主要依赖数据本身，模型建立受到的限制条件较少，在实际建模中受到了越来越多的青睐。

预测理论在经济领域的应用广泛而深入，本书以时间序列预测理论为基础，将其应用在煤炭价格预测领域，试图通过时间序列分析方法预测煤炭价格的未来走势。

2. 价格预测理论

商品价格的研究主要包括分析市场历史、解释商品价格、评估商品政策以及预测商品价格。商品价格预测是预测理论在商品价格研究领域的应用。利用时间序列进行预测的研究最早出现在谷物商品价格预测研究中；20 世纪初期研究人员开始系统研究农业商品价格，并逐步扩展到能源产品价格的研究中。Duncan（1984）、Torries（1998）实证分析显示，商品价格长期趋势的预测研究对产业发展，特别是发展中国家的能源项目投资具有重要意义。

商品价格预测研究主要分为长期预测、中期预测和短期预测。长期来看，商品价格受到自然灾害、政治干预和战争等因素的影响；中期来看，市场调节能够将商品价格保持在一个稳定的水平；短期来看，商品价格受到金融市场或其他随机因素的影响较多，目前短期预测是商品价格预测分析的主要领域。

预测理论的发展及其在商品价格预测领域的应用为本书的煤炭价格预测分析提供了理论基础。

（二）经济预测方法

经济预测方法主要分为结构性方法和非结构性方法。从预测理论发展历史看，早期的经济预测模型大部分是结构性预测模型，随着预测理论的发展和逐步完善，非结构性预测理论逐步应用到经济预测领域，并取得了快速发展。

1. 结构性预测模型

结构性预测模型是经济理论的量化表现，表达了各经济变量之间的关系，在模型中引入随机扰动项代表没有引进到模型的变量的影响，这种模型表达了清晰的经济意义，具有良好的理论基础。传统的结构性价格预测方法，主要从供给和需求两个角度进行研究，利用均衡价格模型对未来价格做出预测。具体在能源价格预测方面，由于能源定价组织均具有一定的垄断市场能力，能源价格并不是完全市场化定价，因此均衡价格模型难以对能源价格做出准确的预测。结构性价格预测模型需要考虑的经济因素较多，为精确预测能源价格，近年来学者们运用“价格规则”探索经济变量之间的相互影响，即将价格、OPEC 行为指标以及市场供需平衡指标联系在一起的计量方法，如 Stock 和 Watson（1993）提出的 DOLS（Dynamic Ordinary Least Square）估计方法，模型能够较好地模拟在一定时期石油价格的波动状况，同时在短期预测方面取得了一定的成功。

结构性建模的两个主要特征：一是解释变量的外生性较强。如果解释变量不仅受外部经济环境的影响，而且受所研究的经济系统中其他变量的影响，则被解释变量无法得到有效解释，从而导致建模失效。二是模型参数为常数，这意味着研究的经济结构是固定不变的，即现有的经济结构会一直持续到未来，这也是利用结构性模型进行预测的理论依据。

结构性预测模型对经济理论的依赖性较大，其本质上是经济理论的量化，对数据本身的特性考虑得较少，故存在一定的缺陷。而且在结构性建模过程中，解释变量、被解释变量的选择以及在模型中的位置均有着严格的经济意义，模型的设置必须遵循苛刻的假设条件才会取得较好的预测效果。由于结构性建模过度依赖经济理论，且在实践操作中难以遵循苛刻的建模假设条件，因此，结构性建模在预测领域的应用并不总是有效的。Lucas（1976）认为结构性预测是在假定经济政策不变的条件下做出的预测，与实际的经济现实不符，且不能反映不断变化的宏观经济环境，即著名的“卢卡斯批判”。非结构性建模避免了结构性建模的上述缺陷，建模过程中注重数据本身的特性，利用时间序列进行建模，一定程度上摆脱了经济理论的束缚，20 世纪 70 年代后期，非结构性模型预测成为了预测领域的研究重点。非结构性预测模型重视数据本身的特性，从数据本身的发展规律推导其未来走势，几乎不考虑经济理论，奉行“让数据自己说话”的原则，属于理论支撑较弱的数学模型。非结构性预测方法主要是时间序列分析方法，预报未来是时间序列分析的基本任务之一，非结构性预测模型在短期预测方面表现较好。

2. 非结构性预测模型

（1）AR、MA、ARMA 模型。非结构性建模的经典模型即自回归过程（AR）以及移动平均过程（MA），二者也是时间序列分析的基础。

Slutsky（1927）、Yule（1927）发现自回归过程（AR）和移动平均过程（MA）在预测领域能够较好地拟合时间序列的波动状态，能够动态跟踪和描述时间序列的性质。这也是时间序列分析的基础模型。Box 和

Jenkins（1970）发表专著《时间序列分析：预测与控制》提出了操作性更强的事件序列分析方法，自回归移动平均模型（ARMA）成为其理论的核心，即经济变量可以由其自身的滞后值和随机误差项来解释，弱化了变量的经济意义，较好地表示了经济变量的动态特征。时间序列预测研究的重要前提即序列本身是平稳的，只有序列平稳，最终探索的数据生成过程才有可能是稳定的，这也是预测有效性的前提之一。因此建立动态模型 AR 之前数据的平稳性检测是必要的，而 MA 过程是由白噪声过程组成的线性组合，其这一过程本身就是平稳的随机过程。ARMA 过程融合了 AR 和 MA 过程的所有特征，但由于现实的经济变量一般是非平稳的，因此以平稳时间序列为基础的 ARMA（p，q）难以得到有效的应用。在此基础上引申出来的 ARIMA（p，d，q）获得了更广的应用范围，即如果经济序列是单积的，差分 d 次就能够变成平稳序列，则可以应用 Box-Jenkins 方法论获得该序列的数据生成过程。

（2）混沌时间序列预测模型。近年来，应用混沌时间序列预测模型的相关研究逐渐增多。混沌理论是非线性理论的重要组成部分，能够描述非线性系统的波动变化规律，在预测领域取得较好的表现。到目前为止，混沌（Chaos）尚无统一的定义，一般认为，混沌是在确定性系统中出现的一种貌似无规则的、类似随机的现象。混沌是非线性动态系统特有的一种运动形式，它既普遍存在又具有复杂性。20 世纪 50~60 年代混沌理论研究在美国兴起。Li Tien-Yien 和 Yorke James A.（1975）首次提出了混沌的概念，揭示了系统运动从有序到无序混沌的演变过程，即 Li-Yorke 定理。Grassberger（1983）提出了重构动力系统的方法，从时间序列中提取 Kolmogorov 熵等混沌特征量，混沌理论开始应用到社会和经济现实中。随着经济社会的发展，混沌理论也得到了进一步的运用。目前混沌理论主要与其他学科结合在一起进行交叉研究，应用领域包括经济学、物理学、信息科学、气象学等各行业。

一般地，设 $X(t)$，$t=\{0, 1, 2, \cdots, N\}$ 为要研究的混沌时间序列，通过选择时间延迟 τ 和嵌入维数 m，该序列的重构相空间可以表示为 $X(t)=$

$\{x(t), x(t-\tau), \cdots, x[t-(m-1)\tau]\}$，其中，$t=(m-1)\tau+1, \cdots, N$。由 Takens（1981）提出的嵌入定理可知，在 m 和 τ 选择合适条件下，重构相空间在嵌入空间的“轨线”即微分同胚意义上的原系统动力学等价，因此，存在一个光滑映射 $F: R^m \to R$，使得 $X(t+\eta)= F\{x(t), x(t-\tau), \cdots, x[t-(m-1)\tau]\}$，其中，$\eta$ 为预测步长。$X(t)\to X(t+\eta)$ 就是研究系统的动态演变过程，因此混沌时间预测的关键在于寻找真实的映射 F，或者该映射的最佳逼近函数。

（3）人工神经网络预测模型。人工神经网络预测模型由于其广泛的适用性，20 世纪 80 年代中后期开始快速发展，主要特征是以技术手段模拟人脑神经元结构与特质。T. Koholen 认为神经网络是指“具有适应性的简单单元组成的广泛并行互联的网络，它的组织能够模拟生物神经系统对真实世界物体所做出的交互反映”。从整体角度看，神经网络由输入层、中间层（又称“隐含层”）和输出层组成，不同层均由数量众多的神经元共同组成。神经网络由分布在若干层的神经元组成，神经元进行信息传递和处理，每个神经元都是一个信息的输入输出系统。

神经元的数学模型可以用图 4-1 表示。图中的 x_i 为神经元接收到的信息（输入变量），w_i 为对应每个输入变量的权重，y 为最终的信息输出量。

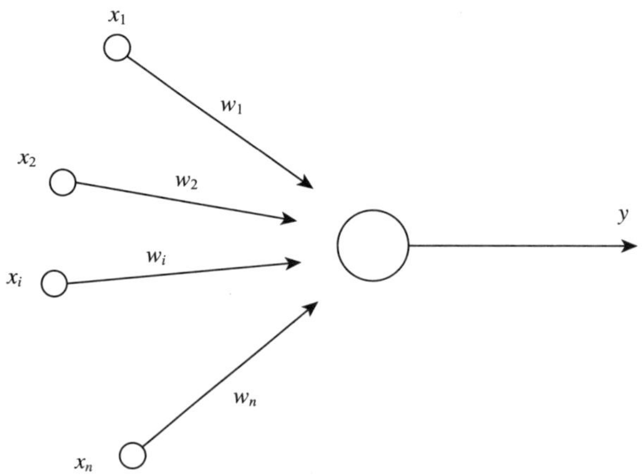

图 4-1 神经元的数学模型

神经元之间的联系过程为：神经元中的树突受到外界刺激达到一定值时会形成神经脉冲，然后通过轴突末梢的突触将这种神经脉冲传递到其他神经元。其传导路径如图 4-2 所示。

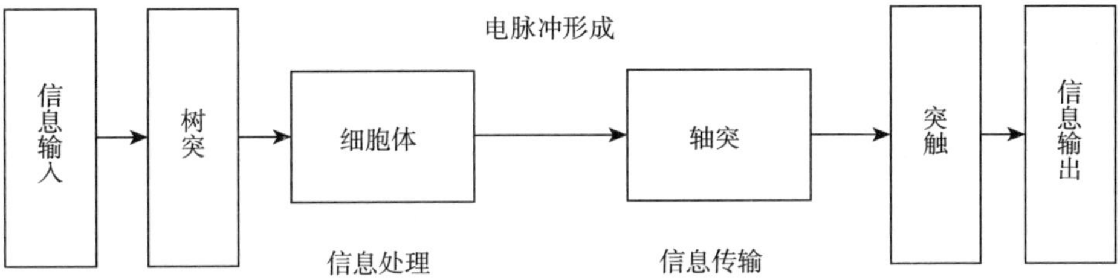

图 4-2　神经网络信息传导路径

不同的神经网络类型和复杂度各不相同。不同的神经元均有自己的输入值、权值、激活函数以及输出值。数据在处理之前被分为训练数据和测试数据，权值和输入值被分配到每个输入层的神经元，输出值与实际值进行比较，二者之间存在的差异被反馈到设计的神经网络，这个学习训练过程不断反复，一直到输出值和真实值之间的误差达到可以接受的水平，整个学习过程结束。神经网络的数据传输过程用数学表达式表示为：$y = f\left(\sum_{i=1}^{m} \omega_i x_i - \theta\right)$，其中，$\theta$ 是阈值，$f(x)$ 为激发函数。激发函数可以是线性函数，也可以是非线性函数。常见的激发函数有符号函数、S 形激发函数等。

到目前为止，利用人工神经元构成了至少 20 种拓扑结构的神经网络，如 BP 神经网络、RBF 神经网络、SVM 神经网络、Hopfield 神经网络、Stochastic 神经网络、Associate Memory 神经网络、Kchoren 神经网络、Som 神经网络等，均是对生物神经网络的近似和模拟。目前在预测领域应用最广的是 BP 神经网络和 RBF 神经网络，下面分别予以简单介绍。

BP（Error Back Propagation Network）神经网络即误差反向传播的神经网络，由 Rumelhant 和 McClelland（1986）提出，是一种多层网络的逆推

学习算法，即学习过程由信号的正向传播和误差的逆向反馈共同组成。在实际应用中 80%以上的人工神经网络采用 BP 神经网络，应用最为广泛，其基本原理是：输入信号 X 在转换函数的作用下生成一个输出信号 Y，网络训练中的样本包括输入向量 X 和期望输出向量 E，输出向量 Y 与期望输出向量 E 之间存在一定的差异；在最小误差的准则下，通过调整隐层节点数、输入向量的权重 W，使得输出向量与期望输出向量之间的差异沿梯度方向下降，经过不断的训练，最终达到最小值。BP 神经网络模型由四部分组成：输入输出模型、作用函数模型、误差计算模型以及自学习模型。输入层和输出层的转换函数一般采用 Sigmoid 转换函数初始权值分布在-0.5~0.5 之间。增加隐层节点数能够降低误差，同时模型的训练效果也较好。

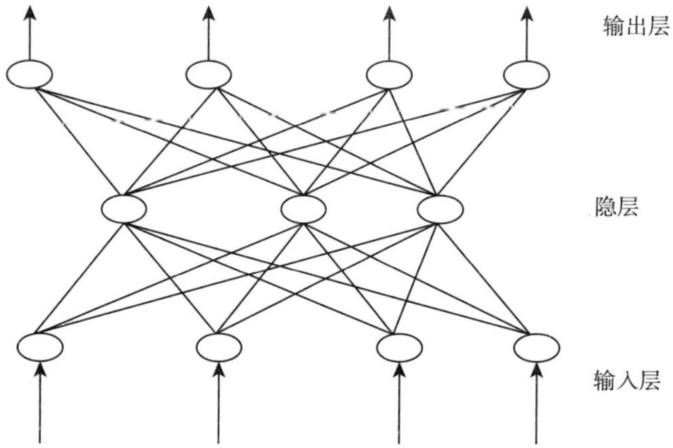

图 4-3　BP 神经网络工作原理

RBF（Radial-Basis Function）神经网络即径向基函数神经网络模型，也是一种前馈型神经网络。Broomhead 和 Lowe（1988）最早将 RBF 应用于神经网络，提出了三层结构的 RBF 神经网络；Moody 和 Darken（1989）提出具有局部响应特征的神经网络以及 RBF 神经网络的训练方法，即“先用自组织学习算法对输入的样本进行聚类分析，以确定神经网络中隐节点的中心，根据各数据中心之间的距离确定隐节点的宽度，最后通过有监督学习训练各隐节点的输出值”，这也是 RBF 神经网络中最经典的算法之一。RBF 神经网络主要可以解决分类以及函数逼近问题，以径向基函数为基础，利用其收敛快、逼近的准确度高等优势，将其作为隐节点的激活函数。RBF 神经网络一般是三层前向网络，第一层是输出层，由初始信号构成；第二层是隐含层，由非负非线性的基函数组成；第三层为输出层。在给定训练样本的前提下，神经网络的隐节点数、隐含层与输出层连接的权值设定决定了 RBF 神经网络的整体结构和特点。确定权值的算法一般采用线性优化算法，以避免局部优化，同时可以提高网络的训练学习速度，因此该算法在实践中应用广泛。

预测模型在不同研究领域的应用均有一定的适用性，随着交叉学科的发展，在其他领域发展而来的预测技术逐步应用在经济预测方面，如小波理论、贝叶斯网络理论、马尔可夫理论等，此处不再赘述。

（4）组合预测方法。组合预测模型的实质就是将各预测模型的预测结果赋予不同的权重，组合成单一的预测，可以用下式表示：

$$f = \sum \omega_i f_i,\ (i = 1,\ 2,\ \cdots,\ k); \tag{4.1}$$

其中，f_i 是第 i 个预测模型的预测结果，ω_i 是第 i 个预测模型的权重，f 为最终的预测结果。可以看出，权重设置的合理性直接影响到组合预测的最终效果，因此组合权重设置是组合预测理论核心内容。Bates 和 Granger（1969）提出组合预测模型权重设置的原则，即短期预测效果好的方法赋予较高权重，权重的调整应考虑单一预测方法之间关系的变化。

经典的权重设置方法大致有三种，分别是等权重法、最小方差法和优势矩阵法。

等权重法即将每一种预测方法得到的预测结果设置相同的权重。等权重法在实际应用中操作简单，且预测效果一般优于单一预测效果。等权重法可以表示为：

$$Y_t = \frac{1}{n}\sum_{i=1}^{n} Y_{i,\ t} \tag{4.2}$$

其中，Y_t 为组合预测的结果，n 为预测模型的个数，$Y_{i,t}$ 为第 i 个预测模型的预测结果。等权重法并没有考虑每一种预测方法的差异性以及不同预测方法预测效果的时变性。

最小方差法即以方差取得最小值为原则寻找不同预测模型的权重。Bate 和 Granger（1969）以最小方差法为准则对组合权重设置进行研究。这里以两种预测方法的组合预测为例说明该权重设置方法。如果两种预测方法的方差在 t 时刻分别为 σ_1^2 和 σ_2^2，ω 和 $1-\omega$ 分别为两种预测方法的权重，组合预测的方差为：

$$\sigma^2 = \omega^2\sigma_1^2 + (1-\omega)^2\sigma_2^2 + 2\rho\omega\sigma_1(1-\omega)\sigma_2 \tag{4.3}$$

求 σ^2 的最小值，只需将上式右边的式子对 ω 取导数，求得使导数为零的 ω 值即可。得到权重为：

$$\omega = \frac{\sigma_2^2 - \rho\sigma_1\sigma_2}{\sigma_1^2 + \sigma_2^2 - 2\rho\sigma_1\sigma_2} \tag{4.4}$$

当两种预测方法互不相关时，其相关系数 ρ 取零，此时有：

$$\omega = \frac{\sigma_2^2}{\sigma_1^2 + \sigma_2^2} \tag{4.5}$$

优势矩阵法由 Gupta 和 Wilton（1987）提出，设两个预测模型分别进行预测分析，a_1 表示模型 1 预测结果中优于模型 2 的数据的个数，a_2 表示模型 2 预测结果中优于模型 1 的数据的个数，则 $\omega = \frac{a_1}{a_1+a_2}$ 为模型 1 的组合预测权重，$1-\omega$ 为模型 2 的权重。

经济预测过程面临着数据和方法以及环境的众多不确定性，因此很难选择最优的预测模型，组合预测模型同样难以达到完全模拟现实的效果，因此组合预测的权重设计也不会达到最优。不同的研究对象表现出不同的运动特征，预测模型选择的时候应充分考虑研究对象的特殊性，从而选择更适用的预测模型，获得较好的预测效果。

（5）VAR、ECM、ARCH、GARCH 模型。VAR、ECM、ARCH、GARCH 模型形式上看起来是非结构性时间序列分析模型，但由于在建模过程中已经考虑了相关的经济理论，因此其本质为结构模型和非结构模型的组合模型。

向量自回归模型（VAR）是 Sims（1980）提出的，他认为如果经济变量之间存在一定的联系，就应该被一视同仁，不区分内生变量和外生变量。VAR 形式上类似于联立方程模型，同时考虑多个内生变量，每个内生变量由其滞后值和模型中其他内生变量的滞后值来解释，模型中无其他外生变量。VAR 模型表示，经济变量组成一个经济体，且彼此之间相互影响，其一般形式可以表示为：

$$Y_t = \sum_{i=1}^{k} \alpha_i Y_{t-i} + u_t$$

$\alpha_i(i = 1, 2, \cdots, k)$ 均为系数矩阵，u_t 为随机误差列向量。

自回归条件异方差（ARCH）是由 Engle（1982）提出，能够描述金融市场时间序列的波动集群性，由 Bollerslev（1986）发展成为广义自回归条件异方差（GARCH）。ARCH 的主要思想是 t 时刻扰动项的方差依赖于 $t-1$ 时刻残差平方的大小。其过程表示为：

设 k 阶变量回归模型：

$$y_t = \gamma_0 + \gamma_1 X_{1t} + \cdots + \gamma_k X_{kt} + U_t$$

在 $t-p$ 时刻信息已知的条件下，扰动项 u_t 满足下列分布：

$$N(0, (\alpha_0 + \alpha_1 u_{t-1}^2 + \alpha_2 u_{t-2}^2 + \cdots + \alpha_p u_{t-p}^2))$$

u_t 的方差依赖于前期扰动项的平方，从而得到 ARCH（p）一般式：

$$\sigma_t^2 = \alpha_0 + \alpha_1 u_{t-1}^2 + \alpha_2 u_{t-2}^2 + \cdots + \alpha_p u_{t-p}^2$$

为减少待估参数，增强可操作性，GARCH（p，q）模型被提出，其一般式为：

$$\sigma_t^2 = \omega + \sum_{i=1}^{q} \alpha_i u_{t-i}^2 + \sum_{j=1}^{p} \beta_j \sigma_{t-j}^2$$

其中，p 是 GARCH 项的阶数，q 是 ARCH 项的阶数。

在 ARCH 理论研究基础上不仅引申出 GARCH 模型，还有自回归条件异方差均值模型（ARCH-M）、门限自回归条件异方差模型（TARCH）、指数自回归条件异方差模型（EGARCH）、成分自回归条件异方差模型（CARCH）等应用在具体的金融以及经济领域。

误差修正模型（ECM）是由 Sargan（1964）提出，Davidson、Hendry、Srba 和 Yeo（1978）完善（DHSY 模型），由动态分布滞后模型发展而来。ECM 模型既反映了变量之间的长期均衡关系，也反映了短期动态关系。其一般形式可以表示为：

假设变量 X 和 Y 之间的长期均衡关系为：

$$Y_t = \alpha_0 + \alpha_1 X_t + u_t$$

据现实经济数据得到 X 和 Y 之间的短期非均衡关系可以表示为以下一阶分布滞后形式：

$$Y_t = \beta_0 + \beta_1 X_t + \beta_2 X_{t-1} + \mu Y_{t-1} + \varepsilon_t$$

式中表示变量 Y 的取值不仅与当期的 X 值有关，还与上一期二者的长期关系有关。据上面的表达式，经过数学推导可以得到：

$$\Delta Y_t = \beta_1 \Delta X_t - \lambda(Y_{t-1} - \alpha_0 - \alpha_1 X_{t-1}) + \varepsilon_t$$

即为 ECM 模型，称为一阶误差修正模型，可以推广到高阶的形式。误差修正项 $Y_{t-1}-\alpha_0-\alpha_1 X_{t-1}$ 促使变量 Y 最终运动至其长期均衡状态，误差修正因子 λ 则表示了这种修正力度的大小程度。

VAR、ARCH、ECM 模型及其扩展模型由于其整体性能较好，在经济分析中得到广泛而有效的应用。

（6）其他。组合预测模型的种类非常多，除了上述经典的组合预测模型，在经济实践中组合预测的方式多种多样，且由于组合预测的性能优于单一预测方法，正逐步成为预测领域的主流。不同的预测方法按一定的权重组合方式都可以组成组合预测模型。按预测模型的类别可以分为：结构性模型的组合预测模型、非结构性模型的组合预测模型、结构性模型和非结构性模型的组合预测模型。我国学者近年来研究的组合预测模型大部分是非结构性模型的组合预测模型，且以两种预测模型的组合预测为主。如神经网络与马尔可夫链的组合预测、小波理论与 BP 神经网络的组合预测、混沌理论与支持向量机的组合预测、灰色理论与马尔可夫链组合预测等。

非结构性模型组合预测模型在短期预测方面优势明显，经济理论和实践研究中均得到了广泛的应用。

不同的预测方法均有其适用范围和优势，考虑对煤炭价格产生影响的随机因素较多，而结构性模型难以全面把握煤炭价格经济波动过程，选择合适的回归模型存在困难，因此本节选择非结构性模型对煤炭价格进行预测分析。

二、煤炭价格短期预测研究

煤炭价格短期预测方面，本章选择特殊的马尔可夫过程——卡尔曼滤波理论作为预测模型之一。卡尔曼滤波过程具备马尔可夫过程的全部特征，通过建立状态空间模型，变量之间采用状态转移矩阵进行联系，每一步的预测值均与真实值进行比较，每一时刻的误差作为新的变量参与到预测模型的调整过程。卡尔曼滤波预测对数据没有严苛的要求，对数据运行过程拟合程度较高，具有预测精度高、可操作性强的优势。但由于卡尔曼滤波预测过程只能做一步预测，因此本节将卡尔曼滤波理论作为煤炭价格短期预测分析的工具。

（一）卡尔曼滤波基本理论

卡尔曼滤波是特殊的马尔可夫过程，下面首先对马尔可夫预测模型进行介绍。

1. 马尔可夫过程

20 世纪初期，俄国数学家马尔可夫（A. A. Markov）在研究中发现自然界存在一种事物的变化过程，其未来状态只与其近期状态有关，而与其之前状态无关，具有这样特性的过程称为马尔可夫过程，具备这种性质的离散随机过程即马尔可夫链。

（1）马尔可夫链的数学表达式。设随机过程 $\{X(t),\ t\in T\}$，其中，$T=\{0,\ 1,\ 2,\ \cdots\}$，状态空间 $I=\{0,\ 1,\ 2,\ \cdots\}$，对任一时刻 n，以及任意状态 i_0，i_1，$\cdots$，i_{n-1}，i，j 有：

$$\begin{aligned}P\{X(n+1)=j\mid X(n)=i,\ X(n-1)=i_{n-1},\ \cdots,\ X(1)=i_1,\ X(0)=i_0\}\\=P\{X(n+1)=j\mid X(n)=i\}\end{aligned} \tag{4.6}$$

则 $\{X(t),\ t\in T\}$ 为一个马尔可夫链，简称马氏链。

（2）状态及其相关概念。介绍马尔可夫链的时候引入了"状态"这一概念。状态即客观事物的存在状况，不同事物之间以及同一事物不同时间的状态均为独立的，状态随着外界环境以及时间的变化而不断变化。为了描述不同状态之间的变换关系，引入"状态转移概率"和"状态转移矩阵"的概念。

状态转移概率，设研究对象具有 n 种状态，且每一时刻只能处于一种状态。处于某一状态的研究对象可能向其他任意一种状态转变，状态变化的方式有 n 种（包括状态向自身的转变，即状态不变），向不同状态转移均是随机的，可以用概率来表示状态转移的可能性，即状态转移概率。状态转移概率能够用数学式表达。设马氏链在时刻 n 处于 i 状态下，在时刻 $n+1$，其状态转移到 j 状态，转移概率为 $P_{ij}(n)=P\{X_{n+1}=j\mid X_n=i\}$，这称为一步转移概率；如果状态 i 经过 s 步转移到状态 j，则转移概率为 $P_{ij}^{(s)}=P\{X_{n+s}=j\mid X_n=i\}$，这称为 s 步转移概率。如果马氏链一步转移概率与状态所处的时刻无关，则该马氏链称为齐次马氏链。

状态转移矩阵，是由状态转移概率形成的矩阵，能够描述研究对象状态转移过程，一步转移概率对应的是一步状态转移矩阵；多步转移概率对应的是多步状态转移矩阵。如果时刻 n 的状态 i 经过 s 步转移到状态 j，这个过程可以用 s 步状态转移矩阵描述为：

$$P^{(s)}=\begin{pmatrix}P_{11}^{(s)} & P_{12}^{(s)} & \cdots & P_{1N}^{(s)}\\ P_{21}^{(s)} & P_{22}^{(s)} & \cdots & P_{2N}^{(s)}\\ \vdots & \vdots & \vdots & \vdots\\ P_{N1}^{(s)} & P_{N2}^{(s)} & \cdots & P_{NN}^{(s)}\end{pmatrix} \tag{4.7}$$

初始状态概率分布。研究对象的状态在状态转移矩阵的作用下不断变化，其最终状态与其初始状态存在一定联系，但有时初始状态对研究对象的最终状态几乎没有影响。设 $\{X_n, n\geqslant 0\}$ 为一个马氏链，若 $P_i(0)=P\{X_0=i\}$，$i\in I$ 满足 $P_i(0)\geqslant 0$，$\sum_{i\in I}P_i(0)=1$，则 $\{P_i(0), i\in I\}$ 为该马氏链的初始状态概率分布。

马尔可夫链（以下简称“马氏链”）的稳定状态。马氏链在经过一段时间状态变化后，最终会稳定在这样一种状态，该状态与其初始状态无关，且前后两期的状态转移概率相等，这个状态成为马氏链的稳定状态，此时的分布为马氏链的平稳分布。与马氏链稳定状态紧密联系的概念即马氏链的遍历性。马氏链 $\{X_n, n\geqslant 0\}$ 在其状态空间 I 上，如果对于一切的 i 和 j，均存在不依赖于 i 的极限值 $\pi(j)$，使得 $\lim\limits_{n\to\infty}P_{ij}^{(s)}=\pi(j)$，称此马氏链具有遍历性。

（3）马尔可夫预测原理。对于齐次马氏链，其绝对概率是 $P_j(n)$，n 步转移概率是 $P_{ij}^{(n)}$，有 $P_j(n+1)=\sum_{i\in I}P_i(n)P_{ij}$，以及 $P_j(n)\sum_{i\in I}P_i(0)P_{ij}^{(n)}$，说明马氏链绝对概率是由其初始分布和 n 步转移概率共同决定。更一般地，由 Chapman-Kolmogorov 方程可知，$P_{ij}^{(m+n)}=\sum_{k\in I}P_{ik}^{(m)}P_{kj}^{(n)}$，这就是马尔可夫预测的理论基础。即确定研究时间序列的初始状态以及初始分布，可依据状态转移矩阵进行未来时刻的预测分析，其中状态转移矩阵的选择以最大可能性为原则。

2. 卡尔曼滤波

线性滤波理论起源于 20 世纪 40 年代的美国，即维纳滤波理论。20 世纪 60 年代卡尔曼将状态空间模型引入了滤波理论，应用了状态方程的递推性，克服了维纳滤波对无限历史数据要求的缺陷，实际应用领域逐步扩大。

卡尔曼滤波过程是一个不断循环迭代的递归过程，上一次计算得到的后验估计被作为下一次计算的先验估计。由于卡尔曼滤波的这种特性，在实践操作中适用性更强，如维纳滤波的每次估计必须计算全部数据，而卡尔曼滤波算法则是根据上一步测量变量去计算当前的状态量，因此在实践应用中的优势更为明显。

卡尔曼滤波又称为线性无偏递推滤波，是一种最优估计方法，以线性最小均方误差为估计准则，该算法的基本思想是：采用状态方程和观测方程组成的状态空间模型描述滤波器，应用 k 时刻的估计值和 k 时刻的观测值对状态变量的估计进行持续更新，以求出 $k+1$ 时刻的信号估计值，即滤掉噪声后的有用信号，该算法被广泛应用于雷达技术以及信号处理等领域。

对于一个动态过程来讲，可依据其已知的状态方程（或动态方程），由其目前的状态预测出其未来的状态。如果在此动态系统中加入随机干扰项或者噪声，预测未来状态时就会受到随机因素的影响，即预测值中将出现随机误差。但是如果能够真实地测量出 k 时刻的观测值，即使有测量误差存在，也可以将该测量值与 k 时刻的预测值做一次加权平均，来提高 k 时刻最优状态估计值的精确度。利用已知的状态方程，在状态的初始条件、状态误差初始条件、每次测量的误差均已知的条件下，就可以在接下来的逐次预测以及测量过程中求得最佳权矩阵，从而可以获得 $k+1$ 时刻状态的无偏最小方差估测值。卡尔曼滤波理论充分体现了这一思想。

本书对煤炭价格进行拟合和预测分析的卡尔曼滤波算法通过 Matlab 工具实现。

（二）卡尔曼滤波算法

1. 状态空间模型

假设系统的状态空间模型为：

$$x_{k+1} = \phi_k x_k + B_k U_k + \omega_k \tag{4.8}$$

$$z_k = H_k x_k + V_k \tag{4.9}$$

其中，式（4.8）为状态方程，式（4.9）为观测方程。在式（4.8）中 x_k 为 k 时刻的状态量，x_{k+1} 为 $k+1$ 时刻的状态量，ϕ_k 为系统的状态转移矩阵，U_k 为控制变量，B_k 为系数矩阵，ω_k 为 k 时刻的扰动项，由式（4.8）可知 ω_k 只影响$k+1$时刻的 x_{k+1}，而不影响 k 时刻的 x_k。系统的初始状态 x_0 可以是随机的，也可以是研究序列的初始值。对式（4.8）描述的这样一个系统，其各个状态不一定能够全部被观测或者测量，能够观测或者测量的是含有噪声的状态变量。观测值通过式（4.9）设定的观测方程来确定。在式（4.9）中 z_k 为 k 时刻的观测值，H_k 为观测矩阵，反映了观测量是状态向量的某种线性组合，V_k 为测量时的测量噪声。这里假定 $E(\omega_k)$ 和 $E(V_k)$ 均为零均值的高斯白噪声序列，其协方差分别为 $Q(k)$ 和 $R(k)$，如式（4.10）所示，其中 $Q(k)$ 和 $R(k)$ 均为正定矩阵。

$$\begin{aligned} Q(k) &= E(\omega_k \omega_j^{'}) = Q_k \delta_{kj} \\ R(k) &= E(V_k V_j^{'}) = R_k \delta_{kj} \end{aligned}, \quad \delta_{kj} = \begin{cases} 1, & k = j \\ 0, & k \neq j \end{cases} \tag{4.10}$$

2. 卡尔曼滤波估值

状态向量滤波估值一般形式的数学表达式为：

$$\hat{x}_k = D_{k-1} \hat{x}_{k-1} + K_k z_k + E_{k-1} u_{k-1} \tag{4.11}$$

从式（4.11）可以看到，k 时刻的滤波估计值 $\hat{x}_k$，在其估值过程中使用了$k-1$时刻的状态估值、k 时刻的状态观测值以及已知的输入信息 u_{k-1}，本质上就是 $k-1$ 时刻估计值与 k 时刻测量值的加权平均数，D_{k-1}、K_k、E_{k-1} 均为系数矩阵，式（4.11）也是线性滤波最一般的形式。

3. 状态估值误差

k 时刻卡尔曼滤波的状态估值误差为状态值与估测值之间的差值，设这个差值为 e_k，则有：

$$\begin{aligned} e_k &= x_k - \hat{x}_k \\ &= x_k - (D_{k-1} \hat{x}_{k-1} + K_k z_k + E_{k-1} u_{k-1}) \\ &= x_k - [D_{k-1} \hat{x}_{k-1} + K_k (H_k x_k + V_k) + E_{k-1} u_{k-1}] \\ &= (I - K_k H_k) x_k - D_{k-1} \hat{x}_{k-1} - K_k V_k - E_{k-1} u_{k-1} \\ &= (I - K_k H_k)(\phi_{k-1} x_{k-1} + B_{k-1} U_{k-1} + \omega_{k-1}) - D_{k-1} \hat{x}_{k-1} - K_k V_k - E_{k-1} u_{k-1} \end{aligned} \tag{4.12}$$

可以证明卡尔曼滤波具有无偏性，即状态估值误差期望值 $E(e)=0$，无偏条件下，有：

$$e_k=(I-K_kH_k)(\phi_{k-1}e_{k-1}+\omega_{k-1})-K_kV_k \tag{4.13}$$

由式（4.13）可知，若初始状态时 $E(e_0)=0$，则状态估值误差在任何时刻均保持为零。

4. 卡尔曼预测估值方程

在估值误差为零即无偏条件下，由式（4.8）至式（4.11）可推导出线性无偏的滤波方程：

$$\hat{x}_k=x_{\hat{k/k-1}}+K_k[z_k-H_k\, x_{\hat{k/k-1}}] \tag{4.14}$$

这里定义新息方程为：

$$\vdots\!\!z_k=z_k-H_k\, x_{\hat{k/k-1}} \tag{4.15}$$

新息反映了当前观测值的新信息，同时说明了观测值与预测值之间的误差，因此新息也常被称作“残差”。在无偏估计的条件下，可以推导出从状态 x_k 到状态 x_{k+1} 的一级预测估计方程为：

$$x_{\hat{k+1/k}}=\phi_k\hat{x}_k+B_kU_k \tag{4.16}$$

5. 卡尔曼滤波估值协方差即最佳权矩阵

预测估值误差的协方差方程为：

$$\begin{aligned}P_e(k)&=E(e_ke_k')\\&=(I-K_kH_k)[\phi_{k-1}P_e(k-1)\phi_{k-1}'+Q(k-1)](I-K_kH_k)'+K_kR(k)K_k'\end{aligned} \tag{4.17}$$

由式（4.17）可知，若 $Q(k-1)$ 和 $R(k-1)$ 以及 $P_e(0)$ 已知，就可以推导出 $P_e(k)$。可以证明该协方差能够简化成下式：

$$\begin{aligned}P_e(k/k-1)&=E(e_{k/k-1}e_{k/k-1}')\\&=\phi_{k-1}E(e_{k-1}e_{k-1}')\phi_{k-1}'+E(\omega_{k-1}\omega_{k-1}')\\&=\phi_{k-1}P_e(k-1)\phi_{k-1}'+Q(k-1)\end{aligned} \tag{4.18}$$

可知，卡尔曼滤波估值误差由预测估值误差的协方差和测量噪声协方差共同决定。为了使估值误差的方差最小，需要确定最优的权系数矩阵 K。对式（4.17）展开推导，利用未知矩阵的“配方法”求解此最佳权矩阵为：

$$K_k = P(k/k-1)H_k'[H_K P(k/k-1)H_{k-1}' + R(k)]^{-1} \tag{4.19}$$

方程式（4.8）至式（4.19）共同构成了最佳线性递推滤波过程，即卡尔曼滤波过程。卡尔曼滤波根据系统的新息来消除随机扰动项的干扰，再现系统的真实状态，使我们能够从受到干扰项影响的数据中找到真实的数据。

（三）卡尔曼滤波建模

煤炭种类繁多，常见的有焦炭、炼焦煤、动力煤、喷吹煤、无烟煤等。不同的煤种根据其品质可划分为多个型号，如动力煤分为坑口价、车板价、场地价、出厂价、船板价、库提价等；坑口价分为原煤、褐煤、混煤、烟煤、烟煤块、烟煤末、长焰煤等种类；每一煤种按其性能又会有多种划分，如动力煤（A26%，V37%~38%，S0.5%~0.8%，Q5200）表示动力煤的品质是灰分26%，挥发分37%~38%，硫含量为0.5%~0.8%，发热量为5200大卡，每一种煤均会按诸如此类的常用标准进行划分。由上简述可知，按不同的标准，煤炭划分的种类繁多。

考虑到数据的样本量、可获取程度以及在经济实践中的重要性，本书选择渤海商品交易所2010年1月至2015年1月焦炭现货结算价月度平均价格数据作为煤炭价格的样本数据。

由于影响煤炭价格的因素众多，且部分影响因素难以量化，因此本节并未对影响煤炭价格的大量因素进行研究，而以煤炭价格的历史数据为研究对象，通过卡尔曼滤波算法，对受到噪声影响的价格数据进行处理，以求得煤炭价格的真实波动轨迹。本节使用Matlab工具进行编程，根据煤炭价格的状态方程和观测方程，利用卡尔曼滤波算法，对煤炭价格进行短期预测分析。

1. 煤炭价格的状态方程

煤炭价格的状态方程为：

$$x_k = \phi x_{k-1} + \omega_{k-1} \tag{4.20}$$

状态估计的目的是为了在已知状态向量 x 初始值统计特性，如期望值初始值 Ex_0 和协方差初始值 P_0 的情况下，从价格观测值得到价格状态值的最优估计。由于本书研究的是煤炭价格的单一时间序列，这里的状态转移系数 ϕ 设为 1，即认为煤炭 $k-1$ 时刻的价格与 k 时刻的价格具有一致性；控制变量设为 0，噪声 ω_k 是均值为零，方差为 Q（k）的随机白噪声。由于状态向量以及干扰项的初始状态并不会对研究的系统产生显著影响，在此根据系统特性对其初始值进行设置。状态向量初始值设为 0，期望值设为 2000；协方差初始值设为 0.1。

2. 煤炭价格的观测方程

煤炭价格的观测方程为：

$$z_k = H_k x_k + V_k \tag{4.21}$$

本书认为煤炭价格的观测值和实际状态值具有一一对应关系，且观测值很大程度上能直接表示实际状态值，因此观测系数 H 在本书中假定为 1，噪声项 V_k 是均值为零，方差为 R（k）的随机白噪声。

3. 煤炭价格预测的卡尔曼滤波算法

在状态空间模型设定完毕之后，煤炭价格的卡尔曼滤波过程在上述理论背景下具体表示为以下递推程序，该程序在 Matlab 环境下编写。

煤炭价格的预测方程为：

$$\hat{x_{k+1/k}} = a\hat{x}_k \tag{4.22}$$

预测系数为 α，考虑到本书研究对象为单一时间序列，且短期内煤炭价格的变化趋势稳定，故认为 α 为 1。

煤炭价格的实际观测值与根据 $k-1$ 期状态向量的预测价格存在一定的差异，这个差异成为煤炭价格的新息。煤炭价格新息在卡尔曼滤波迭代算法中非常重要，通过每一时刻新息的动态调整，尽可能利用了所有信息，最终使得卡尔曼滤波估值达到最优。新息方程为：

$$\dot{\dot{z}}_k = z_k - \hat{x}_{k/k-1} \tag{4.23}$$

预测估值误差的协方差是由 k 时刻的滤波估值误差协方差以及 k 时刻的随机噪声协方差共同决定的。预测估值误差的协方差方程为：

$$P(k/k-1) = aP(k-1)a' + Q(k-1) \tag{4.24}$$

最佳权矩阵是使得滤波估值协方差最小条件下获得的最优权系数矩阵，也称为增益矩阵，最佳权矩阵方程为：

$$K_k = P(k/k-1)H_k'[H_K P(k/k-1)H_k' + R(k-1)]^{-1} \tag{4.25}$$

煤炭价格的卡尔曼滤波估值本质是其估计值与观测值的加权平均值，这里引入信息不仅可以简练地表达这一思想，还直观说明了滤波估值最大限度使用了所有信息。煤炭价格卡尔曼滤波估值方程为：

$$\hat{x}_k = \hat{x}_{k/k-1} + K_k \dot{\dot{z}}_k \tag{4.26}$$

进行卡尔曼滤波算法估计时，就确定了该算法的准则是最小方差。因此在不断迭代过程中始终受此准则的约束，保障了每一时刻得到的煤炭价格卡尔曼滤波估值均为最小方差的估计值。卡尔曼滤波估值协方差的方程为：

$$P(k) = [I - K_k H_k]P(k/k-1) \tag{4.27}$$

（四）实证结果分析

由图 4-4 可知煤炭价格的卡尔曼滤波估值与煤炭价格观测值拟合得较好，能够反映煤炭价格的整体运行特征，表明了卡尔曼滤波算法在跟踪或拟合煤炭价格研究方面的有效性。只有获得煤炭价格序列相对稳定的数据生成机制，才能对数据未来发展进行有效预测，这也是煤炭价格走势分析的理论基础。

卡尔曼滤波算法采用的估计准则为线性最小方差估计。据此估计准则，可以知道煤炭价格状态向量估计值是其观测值的线性函数；煤炭价格卡尔曼滤波估值是无偏的，同时也是方差最小的。

据图 4-5 可知煤炭价格的卡尔曼滤波估值协方差表现出较好的特性，波动区间落在［1.4621e-4，0.2643］区间，说明煤炭价格的卡尔曼滤波

图 4-4　煤炭价格与卡尔曼滤波估值拟合

估值与其观测值之间的拟合偏差较小且相对较稳定，这就为利用卡尔曼滤波预测煤炭价格提供了有利条件。

卡尔曼滤波属于马尔可夫过程，即 k 时刻煤炭价格只与 $k-1$ 时刻的煤炭价格有关，而与其历史价格无关。这个特性根据上述卡尔曼滤波算法的具体迭代以及更新过程可以得到印证，因此利用卡尔曼滤波只能进行一步向前估计，即只能估计未来一期的价格。据本节建立的状态空间模型以及设计的卡尔曼滤波算法进行煤炭价格估计，得到 2015 年 2 月煤炭价格均值的预测值为 1008. 86 元/吨，据渤海商品交易所提供的当月煤炭价格均值实际值为 1006. 70 元/吨，煤炭价格的预测值与真实值拟合程度较高，这也在一定程度上验证了本节建立的煤炭价格卡尔曼滤波算法进行短期价格估计的有效性。

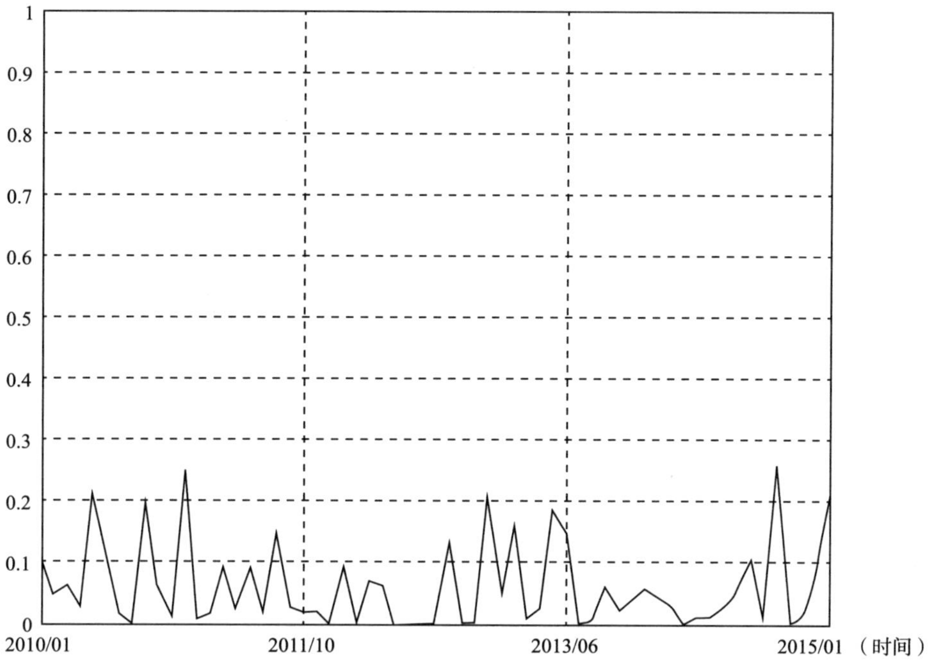

图 4-5　煤炭价格卡尔曼滤波估值误差的协方差

本节基于卡尔曼滤波算法进行煤炭价格的短期预测，避免考虑大量影响因素，选择煤炭价格作为唯一的状态变量。由于短期内煤炭价格将维持相对固定的波动方式，因此选用线性卡尔曼滤波估计具有一定的优势。通过实证分析可知，应用卡尔曼滤波算法预测煤炭价格精度较高，且大部分时刻的估值协方差在［0，0.2］内，预测精度的稳定性得到了一定程度的保障。

三、煤炭价格中长期预测研究

煤炭价格中长期预测方面，受统计机构技术手段或其他原因的影响，煤炭价格常会出现数据缺失的现象，而灰色理论对于小样本、贫信息的不确定性系统具有明显的技术优势，因此本节选择灰色预测理论进行煤炭价格中长期预测分析。灰色理论分析方法对样本数据几乎没有严苛的要求，且建模不受样本量的大小以及样本是否存在规律等方面的限制，特别是样本数据存在一定灰度的情况，灰色理论的优势较为明显。灰色预测模型的相关算法通过 Matlab 工具实现。

（一）灰色预测基本理论

灰色理论由中国学者邓聚龙在 20 世纪 80 年代提出，将一般系统论、信息论和控制论的方法理论拓展到社会、经济等领域，主要内容包括：灰色系统控制理论、灰色系统建模理论、灰色关联分析、灰色规划方法、灰色决策以及灰色预测等。

在预测研究过程中最常遇到的问题即数据不足，因此相对于信息完全的白色系统和信息缺乏的黑色系统，部分数据不确定的灰色系统更具有一般性。具体而言，灰色系统是指“部分信息已知，部分信息未知的贫信息不确定性系统”，通过已有的部分信息去认识整个系统，把握系统的运行规律。应用灰色理论进行分析对数据及其分布规律没有苛刻要求。白色、灰色和黑色均是相对的概念，社会系统中没有绝对的白色系统，也没有绝对的黑色系统，大部分研究的对象都是已知部分信息的，因此，灰色系统更具有一般意义。实践中灰色预测模型的实用性较广，在序列预测、灾变预测、拓扑预测和系统预测等方面均获得一定的成功。

灰色预测即利用灰色动态模型，对研究的时间序列未来的发展变化进行预测，主要是应用在单时间序列预测方面。确定研究对象后，获得的信息分为两大类：第一类即确定的时间序列本身；第二类即与该时间序列相关的其他因素，这些因素由于受外界影响或其他原因无法定量表达，灰色理论将这些因素以及因素之间的关系定义为灰色量。对这些灰色量的预测分析，有助于从原时间序列中获得有用信息，了解研究对象的发展规律，实现序列的预测。下面对灰色预测模型进行简单介绍。

1. 灰色预测的基本概念

“灰色生成”即按一定规则对原始数据进行处理的过程，通常的灰色系统生成方式包括累加生成、累减生成、均值生成和级比生成等。

累加生成灰色系统。设原始时间序列为：

$$x^{(0)}=[x^{(0)}(1),\ x^{(0)}(2),\ \cdots,\ x^{(0)}(n)] \tag{4.28}$$

生成序列为：

$$x^{(1)}=[x^{(1)}(1),\ x^{(1)}(2),\ \cdots,\ x^{(1)}(n)] \tag{4.29}$$

若存在：

$$x^{(1)}(k)=\sum_{i=1}^{k}x^{(0)}(i)=x^{(1)}(k-1)+x^{(0)}(k),\quad k=1,\ 2,\ \cdots,\ n \tag{4.30}$$

则 $x^{(1)}(k)$ 称为一次累加过程（Acumulated Generating Operation 简记为“1-AGO”），同理 r 次累加过程（简记为“r-AGO”）可以表示为：

$$x^{(r)}(k)=\sum_{i=1}^{k}x^{(r-1)}(i),\ k=1,\ 2,\ \cdots,\ n \tag{4.31}$$

累减生成灰色系统。设原始时间序列为：

$$x^{(1)}=[x^{(1)}(1),\ x^{(1)}(2),\ \cdots,\ x^{(1)}(n)] \tag{4.32}$$

一次累减生成序列为：

$$x^{(0)}=[x^{(0)}(1),\ x^{(0)}(2),\ \cdots,\ x^{(0)}(n)] \tag{4.33}$$

其中，$x^{(0)}(k)=x^{(1)}(k)-x^{(1)}(k-1)$，规定 $x^{(1)}(0)=0$。由以上运算可知，累减过程（Inverse Accumulated Generating Operation，IAGO）为累加过程的逆运算。对序列 $x^{(r)}$ 做 i 次累减生成序号表示为 $\Delta^{(i)}$。

关联系数与关联度。与数理统计领域中的相关系数类似，关联度是用来表示因素之间相关性的指标，与相关系数不同的是，灰色理论中的关联度衡量的对象是灰色的，并不清楚研究对象服从的概率分布等信息。作为灰色理论和预测的理论基础，灰色关联度利用曲线之间的相似程度判断因素之间的关联性，定量表述了灰色系统中各研究因素之间的联系，一定程度上反映了灰色系统的特性。灰色关联度分析首先要确定关联系数。设两个序列分别为：

$$X_0 = [x_0(1),\ x_0(2),\ \cdots,\ x_0(n)] \tag{4.34}$$

$$X_i = [x_i(1),\ x_i(2),\ \cdots,\ x_i(n)] \tag{4.35}$$

则 k 时刻序列 X_i 对序列 X_0 关联系数为：

$$r(x_0(k),\ x_i(k)) = \frac{\min\limits_i \min\limits_k |x_0(k) - x_i(k)| + \rho \max\limits_i \max\limits_k |x_0(k) - x_i(k)|}{|x_0(k) - x_i(k)| + \rho \max\limits_i \max\limits_k |x_0(k) - x_i(k)|} \tag{4.36}$$

其中，$|x_0(k) - x_i(k)|$ 是 k 时刻序列 X_i 与序列 X_0 取值的绝对差；$\min\limits_k |x_0(k) - x_i(k)|$ 表示 k 时刻序列 X_i 与序列 X_0 差值最小的点，$\min\limits_i \min\limits_k |x_0(k) - x_i(k)|$ 表示上述基础上所有序列中差值最小的点，为两级最小差值，即在各序列中寻找到最小差值之后，再寻找所有序列中的最小差值。$\max\limits_i \max\limits_k |x_0(k) - x_i(k)|$ 为两级最大差值，即在各序列寻找到最大差值后，再寻找所有序列中的最大差值。ρ 为分辨率，$0<\rho<1$，一般采用 $\rho=0.5$。关联系数反映了每一时刻不同序列之间的关联性；关联度是关联系数在时间上的平均值，能够从整体上把握序列之间的关联程度，其计算公式为：

$$r(X_0,\ X_1) = \frac{1}{n}\sum_{k=1}^{m} r(x_0(k),\ x_i(k)) \tag{4.37}$$

2. 灰色预测建模

灰色预测一般以一个变量的一阶方程 GM（1，1）来进行的，利用等时间距离观测到的、反映预测对象特征的序列构造灰色预测模型。

假设建模序列为式（4.28），1－AGO 序列为式（4.29），$Z^{(1)}=(z^{(1)}(2), z^{(1)}(3), \cdots, z^{(1)}(n))$ 为 $X^{(1)}$ 的紧邻均值生成序列，有：

$$z^{(1)}(k)=0.5x^{(1)}(k)+0.5x^{(1)}(k-1) \tag{4.38}$$

GM（1，1）的灰微分方程为：

$$x^{(0)}(k)+az^{(1)}(k)=b \tag{4.39}$$

其中，a 为发展系数，b 为灰色作用量。设待估参数 $\hat{\alpha}=(a, b)^T$，则式（4.39）参数的最小二乘估计值为：

$$\hat{\alpha}=(B^TB)^{-1}B^TY_n \tag{4.40}$$

其中，

$$B=\begin{bmatrix}-z^{(1)}(2) & 1\\ -z^{(1)}(3) & 1\\ \vdots & \vdots\\ -z^{(1)}(n) & 1\end{bmatrix},\quad Y_n=\begin{bmatrix}x^{(0)}(2)\\ x^{(0)}(3)\\ \vdots\\ x^{(0)}(n)\end{bmatrix}$$

式（4.38）的白化方程为：

$$\frac{dx^{(1)}}{dt}+ax^{(1)}=b \tag{4.41}$$

式（4.41）的解为：

$$\hat{x}^{(1)}(t)=\left(x^{(1)}(0)-\frac{b}{a}\right)e^{-at}+\frac{b}{a} \tag{4.42}$$

则式（4.39）的解为：

$$\hat{x}^{(1)}(k+1)=\left[x^{(1)}(0)-\frac{b}{a}\right]e^{-ak}+\frac{b}{a},\ k=1, 2, \cdots, n \tag{4.43}$$

令 $x^{(1)}(0)=x^{(0)}(1)$，式（4.43）变为：

$$\hat{x}^{(1)}(k+1)=\left[x^{(0)}(1)-\frac{b}{a}\right]e^{-ak}+\frac{b}{a},\ k=1, 2, \cdots, n \tag{4.44}$$

由式（4.44）可以推得：

$$\hat{x}^{(0)}(k+1)=\hat{x}^{(1)}(k+1)-\hat{x}^{(1)}(k) \tag{4.45}$$

式（4.45）即为灰色预测方程。

灰色预测理论主要用在单时间序列预测方面，特别是样本数据不足的情况下，在可操作性、预测精度以及可检验性方面灰色预测模型的表现均优于其他预测模型。

（二）灰色预测建模

在煤炭价格中长期预测分析中，本书选择 2010 年第一季度至 2014 年第四季度焦炭现货结算价为样本数据，对未来八个季度的煤炭价格进行预测。

1. 数据序列生成

GM（1，1）建模的原始煤炭价格序列为：

$X^{(0)}$ =（2028.48，2337.39，2175.23，1946.54，2257.60，2139.42，1970.86，1881.84，1854.66，1690.26，1387.91，1472.10，1626.60，1378.26，1443.26，1484.71，1177.33，1114.61，1018.82，1023.87）。

以序列 $X^{(0)}$ 为基础的一次累加生成序列 $X^{(1)}$ =（2028.48，4365.87，6541.10，8487.64，10745.24，12884.66，14855.52，16737.36，18592.02，20282.27，21670.18，23142.28，24768.88，26147.14，27590.39，29075.10，30252.44，31367.05，32385.87，33409.74）。

灰色预测理论要求数据具有指数平滑性，因此需要对原始数据进行光滑性检验，同时对一次累加生成序列进行指数规律的检验，只有满足指数性质的一次累加生成序列才能进行灰度预测建模。

2. 数据序列的初始检验

灰色预测模型要求原始序列为准光滑序列，一阶累加生成序列具有准指数规律。下面分别进行判断。

首先，对原始煤炭价格序列 $X^{(0)}$ 做准光滑性检验。据灰色理论相关证明可知，对原序列 $X^{(0)}$ 进行 r 次累加生成序列，当 r 充分大时，所得序列可以充分光滑，且光滑比趋于 0。设原序列的光滑比为 $\rho(k)$：

$$\rho(k)=\frac{x^{(0)}(k)}{x^{(1)}(k-1)},\ k=2,3,\cdots,n \tag{4.46}$$

若光滑比序列满足以下条件，则原序列 $X^{(0)}$ 为准光滑序列。

（1）$\frac{\rho(k+1)}{\rho(k)} < 1$，$k = 2, 3, \cdots, n-1$；

（2）$\rho(k) \in [0, \varepsilon]$，$k = 2, 3, \cdots, n$；

（3）$\varepsilon < 0.5$。

由式（4.46）可知，原序列的光滑比序列 $\rho(k)$ 为（0.4982，0.2976，0.2660，0.1991，0.1530，0.1267，0.1108，0.0909，0.0684，0.0679，0.0703，0.0556，0.0552，0.0538，0.0405，0.0368，0.0325，0.0316），即 $\rho(k)$ 的波动范围为［0.0316，0.4982］，且此序列为递减序列，光滑比序列满足上述三个条件，因此原序列 $X^{(0)}$ 为准光滑序列。

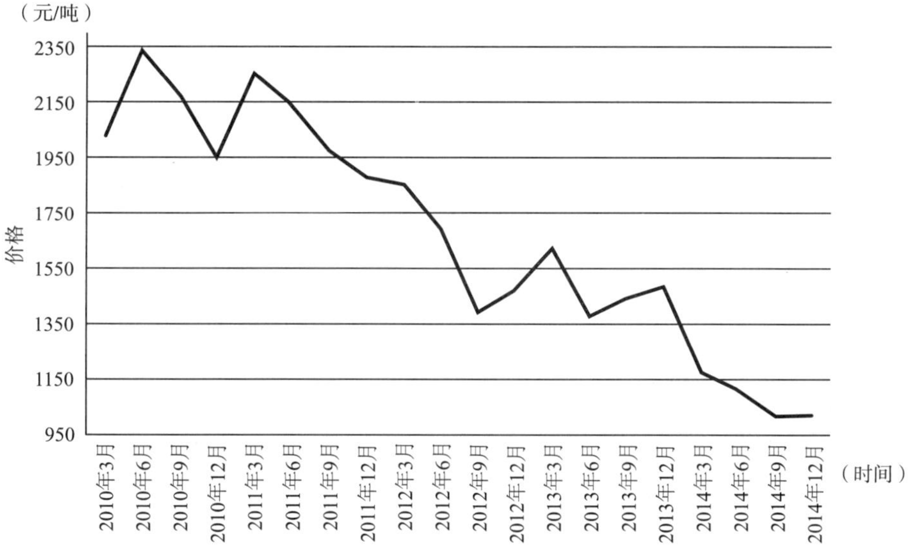

图 4-6　焦炭价格原序列图示

从图 4-6 可以看到，很难找到一条简单的曲线拟合焦炭价格原序列。一次累加生成后的曲线（如图 4-7 所示），较接近指数或者线性曲线，能够用相关函数来进行拟合分析。

其次，对序列 $X^{(0)}$ 的 1-AGO 序列进行准指数规律检验。一般情况下，

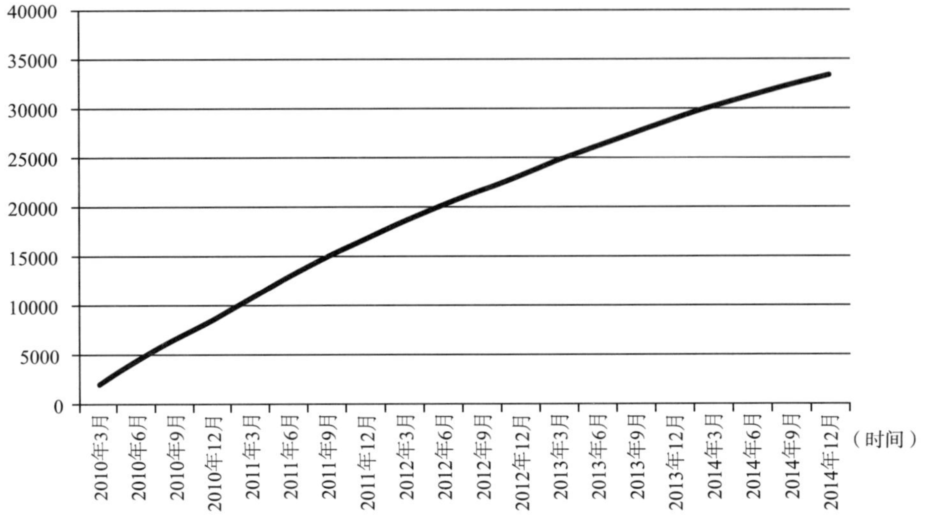

图 4-7　焦炭价格一次累加生成序列图示

非负的光滑序列经过累加生成之后，随着其随机性的减少，呈现出近似的指数增长规律，且原序列越光滑，累加生成序列的指数性越明显。设原序列的级比为$\sigma(k)$：

$$\sigma(k)=\frac{x(k)}{x(k-1)},\ k=2,\ 3,\ \cdots,\ n \tag{4.47}$$

对于一次累加生成序列的级数比 $\sigma^{(1)}(k)$：

$$\sigma^{(1)}(k)=\frac{x^{(1)}(k)}{x^{(1)}(k-1)}=\frac{x^{(0)}(k)+x^{(1)}(k-1)}{x^{(1)}(k-1)}=1+\rho(k) \tag{4.48}$$

由于$\rho(k)\in(0.0316,\ 0.4982)$，则$\sigma^{(1)}(k)\in(1.0316,\ 1.4982)$。

又当$\sigma(k)=\frac{x(k)}{x(k-1)}\in[a,\ b]$，$b-a=\delta$，$\delta<0.5$，$k=2,\ 3,\ \cdots,\ n$时，原序列的累加生成序列具有准指数规律。式（4.48）的 δ 为 0.466，因此原序列的1-AGO具有准指数规律。

上述分析表明，原序列 $X^{(0)}$ 为准光滑序列，一次累加生成序列 $X^{(1)}$ 具有准指数规律，能够对上述时间序列建立灰色预测模型。

3. 建立 GM（1，1）模型

上述分析表明序列的 1-AGO 具有近似指数增长规律，满足建模的基本要求。据 GM（1，1）灰微分方程 $x^{(0)}(k)+az^{(1)}(k)=b$，其中，待估参数 $\hat{\alpha}=(a,\ b)^T$，最小二乘估计值为 $\hat{\alpha}=(B^TB)^{-1}B^TY_n$，故紧邻均值生成序列 $Z^{(1)}$ 成为求解参数的重要步骤。本模型的 $Z^{(1)}$ 序列为（3197.18，5453.49，7514.37，9616.44，11814.95，13870.09，15796.44，17664.69，19437.14，20976.23，22406.23，23955.58，25458.01，26868.76，28332.75，29663.77，30809.74，31876.46，32897.80）。由紧邻均值序列可以得到矩阵 B。

$$B=\begin{bmatrix}-z^{(1)}(2) & 1\\ -z^{(1)}(3) & 1\\ \vdots & \vdots\\ -z^{(1)}(n) & 1\end{bmatrix}=\begin{bmatrix}-3197.18 & 1\\ -5453.49 & 1\\ -7514.37 & 1\\ -9616.44 & 1\\ -11814.95 & 1\\ -13870.09 & 1\\ -15796.44 & 1\\ -17664.69 & 1\\ -19437.14 & 1\\ -20976.23 & 1\\ -22406.23 & 1\\ -23955.58 & 1\\ -25458.01 & 1\\ -26868.76 & 1\\ -28332.75 & 1\\ -29663.77 & 1\\ -30809.74 & 1\\ -31876.46 & 1\\ -32897.80 & 1\end{bmatrix},\quad Y_n=\begin{bmatrix}x^{(0)}(2)\\ x^{(0)}(3)\\ \vdots\\ x^{(0)}(n)\end{bmatrix}=\begin{bmatrix}2337.39\\ 2175.23\\ 1946.54\\ 2257.60\\ 2139.42\\ 1970.86\\ 1881.84\\ 1854.66\\ 1690.26\\ 1387.91\\ 1472.10\\ 1626.60\\ 1378.26\\ 1443.26\\ 1848.71\\ 1177.33\\ 1114.61\\ 1018.82\\ 1023.87\end{bmatrix}$$

计算得参数 $a=0.04$，$b=2506.78$。GM（1，1）灰微分方程的白化方程确定为：

$$\frac{dx^{(1)}}{dt}+0.04x^{(1)}=2506.78 \tag{4.49}$$

式（4.49）的解为：

$$\hat{x}^{(1)}(t)=(x^{(1)}(0)-62669.50)e^{-0.04t}+62669.50 \tag{4.50}$$

据式（4.44）可以得到：

$$\begin{aligned}\hat{x}^{(1)}(k+1)&=\left[x^{(0)}(1)-\frac{b}{a}\right]e^{-ak}+\frac{b}{a}\\&=[2028.48-62669.50]e^{-0.04k}+62669.50\\&=(-59639.30)e^{-0.04k}+62669.50,\quad k=1,2,\cdots,n\end{aligned} \tag{4.51}$$

在此基础上，据式（4.45）即可求得预测值。

（三）模型性能检测

本节对灰色预测模型的性能进行检测，主要包括发展系数范围检测、残差检验、后验差检验和关联度检验。

1. 发展系数范围检测

从灰色理论经验分析可知，随着发展系数 a 取值的不同，对应的GM（1，1)模型适用范围存在显著的差异，一般地，发展系数增加则模型的拟合误差随之增大。经验分析结论如表 4-1 所示。

表 4-1　发展系数与灰色预测模型适用范围的经验判断标准

a 取值范围	适用范围	其他
$a<-1$		不宜使用灰色预测
$-1\leqslant a<-0.8$		建议使用残差修正 GM（1，1）
$-0.8\leqslant a<-0.5$		短期预测谨慎使用
$-0.5\leqslant a<-0.3$	短期预测	中长期预测谨慎使用
$a\geqslant-0.3$	中长期预测	

本节建立的灰色预测模型的发展系数为 0.04，据表 4-1 的经验分析，认为模型适宜于中长期预测。

2. 残差检验

残差检验即对模型模拟值与实际值之间的残差进行检验。设原序列为式（4.28），灰色模型的模拟序列为：$\hat{x}^{(0)}=(\hat{x}^{(0)}(1),\hat{x}^{(0)}(2),\cdots,\hat{x}^{(0)}(n))$，则残差序列为：

$$\begin{aligned}\varepsilon^{(0)}&=(\varepsilon(1),\varepsilon(2),\cdots,\varepsilon(n))\\&=(x^{(0)}(1)-\hat{x}^{(0)}(1),x^{(0)}(2)-\hat{x}^{(0)}(2),\cdots,x^{(0)}(n)-\hat{x}^{(0)}(n))\end{aligned}\tag{4.52}$$

绝对残差序列为：

$$|\varepsilon^{(0)}|=(|x^{(0)}(1)-\hat{x}^{(0)}(1)|,|x^{(0)}(2)-\hat{x}^{(0)}(2)|,\cdots,|x^{(0)}(n)-\hat{x}^{(0)}(n)|)\tag{4.53}$$

相对残差序列为：

$$\phi=\left(\left|\frac{\varepsilon(1)}{x^{(0)}(1)}\right|,\left|\frac{\varepsilon(2)}{x^{(0)}(2)}\right|,\cdots,\left|\frac{\varepsilon(n)}{x^{(0)}(n)}\right|\right)\tag{4.54}$$

平均相对误差为：

$$\bar{\phi}=\frac{1}{n}\sum_{i=1}^{n}\phi_i\tag{4.55}$$

给定一个 α，当 $\bar{\phi}<\alpha$，且 $\phi_i<\alpha$ 成立时，称模型为残差合格模型。一般地，认为平均相对误差越小越好，判断指标参照情况如表 4-2 所示。

表 4-2　平均相对误差判别指标参照

α 取值范围	模型精度
小于 0.01	一级
小于 0.05	二级
小于 0.10	三级
小于 0.20	四级

本节所建灰色预测模型的绝对残差序列为：

$|\varepsilon^{(0)}|=$（0，30.80，93.22，226.37，176.20，145.67，61.08，52.49，

102.35，11.75，219.91，68.01，151.36，34.86，89.66，188.11，64.66，75.07，120.76，67.72）

相对残差序列为：

ϕ =（0.00%，1.32%，4.29%，11.63%，7.80%，6.81%，3.10%，2.79%，5.52%，0.70%，15.84%，4.62%，9.31%，2.53%，6.21%，12.67%，5.49%，6.74%，11.85%，6.61%）

平均相对误差 $\bar{\phi}$=6.29%，预测模型的精确度较好。

3. 后验差检验

后验差检验即对残差分布统计特征进行检验。

设原序列 $x^{(0)}$ 的均值为：

$$\bar{x}^{(0)} = \frac{1}{n}\sum_{i=1}^{n} x^{(0)}(i) \tag{4.56}$$

原序列 $x^{(0)}$ 的方差为：

$$S_1^2 = \frac{\sum_{i=1}^{n}\left[x^{(0)}(i) - \bar{x}^{(0)}\right]^2}{n-1} \tag{4.57}$$

残差均值为：

$$\bar{\varepsilon} = \frac{1}{n}\sum_{i=1}^{n} \varepsilon(i) \tag{4.58}$$

残差方差为：

$$S_2^2 = \frac{\sum_{i=1}^{n}\left[\varepsilon(i) - \bar{\varepsilon}\right]^2}{n-1} \tag{4.59}$$

均方差比值为：

$$C = \frac{S_2}{S_1} \tag{4.60}$$

对于给定的 $C_0>0$，若 $C<C_0$，则模型为均方差比合格模型。一般地，将概率称为：

$$p = P(|\varepsilon(i) - \bar{\varepsilon}| < 0.6745S_1) \tag{4.61}$$

小误差概率，对于给定的 $p_0>0$，若 $p>p_0$，则模型为小误差概率合格模型。一般地，认为均方差比值越小越好，均方差比值越小说明模型的拟合方差小，而原始序列的方差较大，模拟误差相对较为集中，模型的拟合效果较好。表 4-3 列示了均方差比值和小误差概率的经验参照指标。

表 4-3 后验差检验判别指标参照

C 取值范围	P 取值范围	模型精度
小于 0.35	大于 0.95	一级
小于 0.50	大于 0.80	二级
小于 0.65	大于 0.70	三级
小于 0.80	大于 0.60	四级

在本节建立的灰色预测模型中，原序列的均值 $\bar{x}^{(0)}$ 为 1670.49，均方差 S_1 为 418.35；残差均值 $\bar{\varepsilon}$ 为 99.00，均方差 S_2 为 66.39。均方差比值 C 为 0.1587，小误差概率为 1。据表 4-3 的经验指标，本节建立的预测模型精度较高。

4. 关联度检验

灰关联分析即根据不同序列曲线几何形状的相似性来判断其关联程度是否紧密，不同时间序列的曲线几何形状越接近，说明序列之间的关联度越高。灰色理论中通过序列集合与灰关联算子建立因子空间进行灰关联分析。下面介绍灰色关联度，首先介绍灰关联四公理。

（1）规范性。

$0 \leqslant \gamma(x_0, x_i) \leqslant 1$，$\gamma(x_0, x_i) = 0 \Leftrightarrow x_0, x_i \in \varphi$，$\gamma(x_0, x_i) = 1 \Leftrightarrow x_0 = x_i$

（2）偶对对称性。

$x, y \in X$，$\gamma(x, y) = \gamma(y, x) \Leftrightarrow X = \{x, y\}$

（3）整体性。

$x_j, x_i \in X = \{x_\sigma \mid \sigma = 0, 1, 2, \cdots, n\}, n \geqslant 2\}$，$\gamma(x_j, x_i) \overset{often}{\neq} \gamma(x_i, x_j)$

（4）接近性。

$|x_0(k)-x_i(k)|$ 越小，γ（x_0（k），x_i（k））越大。

设系统特征序列为：

$$X_0=(x_0(1),\ x_0(2),\ \cdots,\ x_0(n)) \tag{4.62}$$

相关因素序列为：

$$X_i=(x_i(1),\ x_i(2),\ \cdots,\ x_i(n)),\ i=1,\ 2,\ \cdots,\ m \tag{4.63}$$

若实数 r（X_0，X_i）满足下列关系：

$$r(X_0,\ X_i)=\frac{1}{n}\sum_{k=1}^{m} r(x_0(k),\ x_i(k)) \tag{4.64}$$

满足灰关联四公理，即规范性、整体性、偶对对称性和接近性，则称 r（X_0，X_i）为序列 X_i 对序列 X_0 的灰色关联度。经证明可知，对于 $\rho\in$（0，1），有实数：r（x_0（k），x_i（k））满足灰关联四公理，称为 k 时刻序列 X_i 对序列 X_0 关联系数，其中 ρ 为分辨系数或者分辨率，一般取 0.5。关联度取值与模型精度的经验关系如表 4-4 所示。

表 4-4　关联度判别指标参照

r 取值范围	模型精度
大于 0.90	一级
大于 0.80	二级
大于 0.70	三级
大于 0.60	四级

本节建立的预测模型是对单时间序列进行分析，故存在原始序列和模拟序列，共两个序列，因此关联系数计算中无须求解第二级最大值和最小值。据式（4.36）可知，关联系数序列为（1.00，0.99，0.63，0.36，0.40，0.45，0.68，0.74，0.58，0.95，0.33，0.56，0.50，0.64，0.69）。据式（4.37）可知，计算得当分辨率为 0.5 时，原序列和拟合序列的关联度为 0.63。

本节对建立的灰色预测模型性能进行了检测，综合考虑发展系数范围检测、残差检验、后验差检验以及关联度检验的结果，认为模型的预测精度较好。

（四）实证结果分析

由图 4-8 可知，焦炭价格的灰色模型预测值能够反映其历史价格的整体运行趋势及特征，灰色预测模型在焦炭价格中长期预测研究方面具有一定的理论价值。本章建立的灰色预测模型，其发展系数为 0.04，模型适宜用于中长期预测。对模型的性能分析可知，模型的平均相对误差为 6.29%，说明其预测精度较好；均方差比值为 0.1587，说明残差离散程度小于原序列数据的离散程度，即尽管原序列数据比较离散，但模型模拟的煤炭价格与真实煤炭价格之间并不离散。小误差概率为 1，说明每一时刻的残差与残差均值之差均小于给定的 0.6745S_1，即拟合值分布是均匀的。作为后验差检验的两个重要指标，均方差比值和小误差概率可以表征灰色预测模型的精确性，因此本章建立的灰色预测模型精度较高。

本章建立的灰色预测模型在煤炭价格历史数据基础上预测了 2015 年第一季度至 2016 年第四季度的煤炭平均价格①。2014 年第四季度煤炭价格的真实值为 1023.87 元/吨，灰度模型的预测值为 1091.59 元/吨，验证了模型对煤炭价格波动较高的拟合程度。据该灰度预测模型可知，2015 年第一季度到 2016 年第四季度，预测煤炭价格分别为 1045.62 元/吨、1001.58 元/吨、959.40 元/吨、918.99 元/吨、880.29 元/吨、843.22 元/吨、807.71 元/吨、773.69 元/吨。从预测结果看，自 2015 年第一季度到 2016 年第一季度煤炭价格将下降 15.81%。

通过灰度模型的预测研究可知，在假定经济发展格局维持现状不变的情况下，煤炭价格将继续走低。下面对煤炭价格进行相应的经济学分析。目前中国煤炭市场价格低迷受到了多种因素的影响。首先是政府主导的产业结构调整。受国内外各种因素的影响，中国经济发展增速放缓，产业结构调整已成为刺激经济健康发展的必由之路。在政府主导下，中国第一、第二、第三产业的发展格局逐步改善，第二产业在国民经济发展中的主导

① 此处煤炭价格应该是国内焦炭价格季度平均价格，为与上下文一致，用上述方式表达。

图 4-8　焦炭价格的历史价格与灰色模型预测值

地位逐步被削弱，2013 年第三产业的增加值在 GDP 总量中的比重已经超过了第二产业。众所周知，第二产业是能源消耗的主体，随着产业机构调整的逐步深入和完善，能源市场需求量将进一步降低，从而导致煤炭价格维持较低水平。

其次是目前中国经济发展所面临的严峻的环境污染问题。由于多年来经济的快速发展，能源消耗始终保持较高水平，由此带来的环境污染等一系列生态问题日益凸显。为促进经济健康发展，低碳化发展的概念被提出，高耗能、高污染行业的发展受到了较大程度的制约，煤炭市场需求大幅下降，这也是导致煤炭价格低迷的重要原因之一。再生能源和核能等新型清洁能源作为传统能源的替代品，其利用程度和规模正逐步扩大。风能、水能、太阳能等清洁能源的综合利用技术水平逐步提升，不但增加了能源利用的经济性，同时也可以实现经济社会的低碳化发展。新型替代能源的快速发展将进一步压缩传统能源的发展空间，导致煤炭等高耗能能源的市场价格呈现低迷状态。

为促进经济健康稳定发展，传统能源发展格局在政府主导下将得到进一步优化。目前煤炭市场正处于剧烈变动期，在国内外经济环境、政府调控、市场结构等方面均面临较大的挑战，因此煤炭价格处于低迷状态成为各种力量博弈的必然结果。未来随着中国经济的健康发展，经济发展格局的逐步调整，传统能源与新型清洁能源发展比例的进一步优化，煤炭市场价格将会维持一个相对稳定的水平。

四、本章小结

从本章建立的煤炭价格短期以及中长期预测模型的性能分析来看，模型取得了预期的效果，实践可操作性较强，具有一定的理论价值和现实意义。

煤炭价格预测是构建能源价格预测体系的重要组成部分，本章对煤炭价格预测的实证分析由短期预测和中长期预测两大部分组成。煤炭价格影响因素众多，传统定量分析方法需要考虑一系列影响因子，建模过程存在较大的困难，因此本章选择卡尔曼滤波算法和灰色预测模型分别对煤炭价格做短期和中长期预测，避免了在建模过程中考虑大量影响因素，以及由此带来的一系列问题。以煤炭价格时间序列为唯一的研究对象展开分析。

煤炭价格短期预测选择了卡尔曼滤波算法，实证分析表明，由于新息的持续作用，卡尔曼滤波算法对煤炭价格跟踪以及预测能力较强。卡尔曼滤波估值的协方差波动区间落在［1.4621e-4，0.2643］内，说明煤炭价格的卡尔曼滤波估值与其观测值之间的拟合偏差较小且相对较稳定，即卡尔曼滤波短期预测煤炭价格是有效的。

煤炭价格中长期预测选择了灰色预测模型，与卡尔曼滤波算法类似，灰色模型对数据要求不高，特别是在样本数量较少、数据质量较差的情况下，该模型显示出明显优势。本章建立的灰色预测模型，其发展系数为 0.04，表明模型适宜做中长期预测分析。模型的性能检验指标均较好，模型的平均相对误差为 6.29%；后验差检验中，均方差比值为 0.1587，小误差概率为 1。整体来看，本章建立的灰色预测模型预测精度较高，能够对煤炭价格的中长期走势进行有效的预测分析，可以为经营主体以及地方政府提供一定的决策依据。

第五章 煤炭价格波动的传导效应研究

煤炭行业在中国国民经济发展中具有重要地位，煤炭价格的变化能够通过直接或间接作用对其下游产业部门的生产成本造成影响，从而导致其价格水平的变化。煤炭价格传导是一个复杂的过程，本章在价格传导理论背景下，从电力工业、冶金工业、化学工业、建材工业以及其他产业链条的角度，分别研究了煤炭价格的传导路径和机制。在对煤炭价格传导路径定性分析的基础上，结合煤炭价格走势研究的实证分析结果，采用投入产出价格模型对煤炭价格波动的即时传导做定量分析；采用 VAR 模型对煤炭价格传导的时滞性进行实证分析，从而对煤炭价格传导效应进行了较为全面的研究。

一、煤炭价格传导的理论分析

能源工业作为重要的基础工业，直接影响国民经济的发展水平。能源价格波动会对工业结构、生产格局、就业以及物价水平产生较大影响，与此同时，能源的合理配置同样是影响经济发展效率的重要因素，而能源的匮乏将会对经济的发展形成较大障碍。市场经济环境下，决定能源合理配置的主要工具就是价格机制，但由于能源工业在国民经济中的特殊地位，能源市场一般并不仅仅依赖市场本身进行调节，能源调配政策同样起到了积极作用。唯有“看得见的手”和“看不见的手”同时发挥作用，能源工业甚至国民经济才能得以有效而健康的发展。中国的一次能源消费以煤炭为主，且短期内这种消费格局不会发生改变，因此，煤炭价格传导机制的研究对厘清中国能源价格传导机制有着积极意义。

价格是市场经济的灵魂，价格波动不仅能够体现国民经济整体的运行状况，而且紧密联系了市场经济的各组成部分。价格的传导反映了价格的变动以及变动的途径，但由于价格受到非常多宏观和微观因素的影响，因此，精确地把握价格的运行轨迹比较困难。本章在回顾价格调整机制经典理论的基础上，从纵向和横向两个角度来讨论和分析煤炭价格的传导路径。

（一）价格波动及传导理论

价格总是处于不断的波动中，其根本原因在于影响价格的基本面处于变动之中。不同行业的价格水平呈现波动性，但经济体整体的物价水平一般总是呈上升趋势，这主要是由于经济体总是处于不断发展过程中。随着经济规模的不断扩大，货币供给量必然会随之逐步扩大，因此，经济体价格总水平的上涨成为一种必然趋势。具体行业的价格水平，受到各种经济因素以及外部环境的影响，其变动趋势更为频繁。如煤炭行业的价格水平在国内外经济环境不断变化和国内政府宏观调控措施共同作用下，其波动性更为剧烈。

价格水平上涨的类型主要有需求拉动型、成本推动型、结构性物价上涨等。价格传导机制在经济体的各行各业中发挥着重要作用，这也是导致各行业物价水平变动的主要原因。但价格水平波动总会保持在一定范围之内，以保持经济发展的稳定性，这主要是通过价格调整机制发生作用。

价格调整机制即市场经济过程中，通过市场价格来调整社会经济生活的运行方式和规律。主要包括以下几个方面：首先是价格的传导路径；其次是价格传导过程中众多因素的相互作用。通过价格机制的调整，经济社会各组成部分的相互作用才能得以顺利实现，同时市场价格的变动能够引起不同经济部门、区域以及其他相关者之间的利益分配。

微观经济学理论对价格传导的分析以消费者为考虑对象，主要思路如下：价格变动处于不断的变化状态中，价格的变化引起商品需求随之发生变化，导致供给曲线和需求曲线的移动，从而产生了新的均衡价格。但是商品的价格受外界各种各样因素的影响，因此新的均衡价格并不会处于稳定状态，而是继续保持持续的波动状态，整个过程不断循环，即在各种因素相互作用下，价格总是处于趋向于稳定值的波动状态中，这个过程可以用图 5-1 表示。

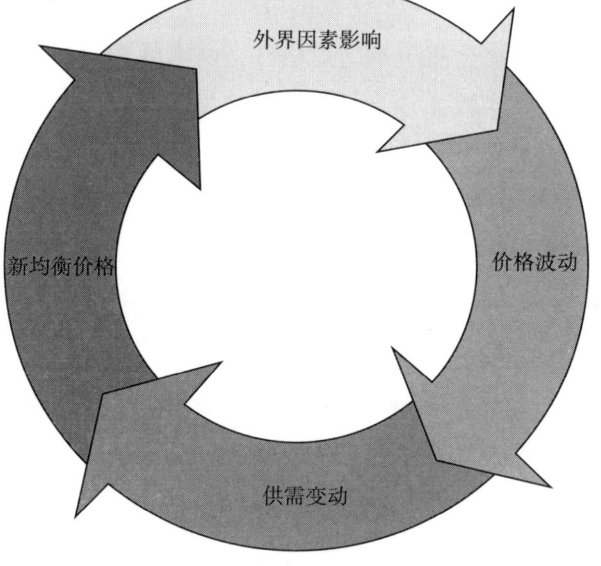

图 5-1　微观经济学价格循环变动

具体而言，价格效应是通过替代效应和收入效应共同作用最终得以完成。替代效应是指，在名义收入不变的前提下，由于价格的变化引起消费者在不同消费品之间的消费替代，即消费者会选择相对更便宜的商品来消费。收入效应是指，在名义收入不变的前提下，由于价格的变化给消费者实际购买能力造成了影响，从而影响其最终消费量。本质上讲，替代效应和收入效应均是消费者对商品价格变化的反应，二者的综合表现就是价格效应。

宏观经济理论中通过总供给曲线，即价格与产出的关系，对宏观经济中的价格调整机制进行了分析。在非常短的时期内总供给曲线可以认为是水平的直线，但在长期范围看，总供给曲线是垂直的，总供给曲线从短期到长期形式的变化体现了价格的调整机制的作用。总供给曲线可以用下式表示：

$$P_{t+1} = P_t[1 + \lambda(Y - Y^*)] \tag{5.1}$$

其中，P_{t+1}是下期价格，P_t 是本期价格，Y^* 是潜在产出。当产出高于潜在产出时，下期价格会高于本期价格；当产出低于潜在产出时，下期价格会低于本期价格。参数 λ 表示价格调整速度，λ 的大小关系到达到潜在产出水平的速度，λ 的调整可以通过总需求政策的制定来实现。从短期来看，价格水平提高，产品的需求增加，导致总产出的增加，均衡点为 E'，同时将均衡价格水平 P 提高到 P'。从中期来看，上述过程将继续维持，并在 P_1 的基础上达到新的均衡状态，在此过程中总供给曲线也发生了上移(可以解释为高水平就业导致了高工资)，此时新的均衡点为 E''，均衡价格水平为 P''，这个阶段便处于价格机制的调整阶段。长期来看，如果产出高于正常水平，就会促进就业高于正常值，从而导致工资的上涨。工资上涨直接造成厂商成本的上升，所有的这一切体现为总供给曲线的上移。因此产生了新的均衡点 E'''和新的价格水平 P'''。从图 5-2 可以看到，最终的均衡点上，价格上升的比例仅代表货币发行存量上升的比例，而总供给、总需求和就业仍处于初始的均衡水平。整个价格机制调整过程维持着经济体系从不断的波动中走向均衡，保障了经济体系的稳定性。

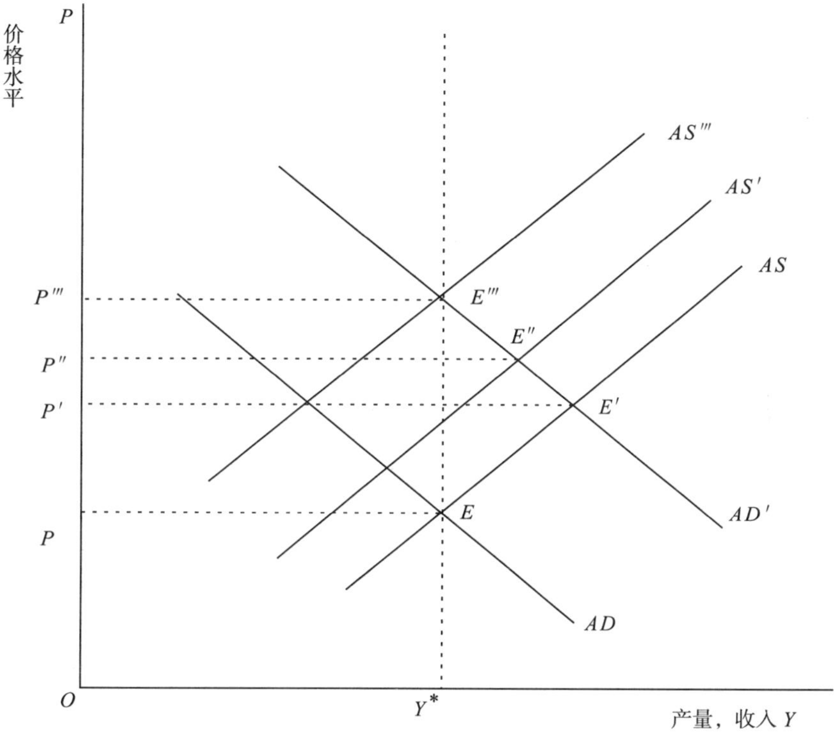

图 5-2　宏观经济学产品均衡价格形成图示

（二）煤炭价格波动的纵向传导

煤炭行业处于整个经济链条的上游，其下游行业基本覆盖了所有的工业领域，包括火力发电行业、钢材工业、化学工业、机械工业、冶金工业、食品工业、交通行业等。煤炭工业是中国能源领域的主导产业，且受中国经济水平的影响，在未来一段时间内，以煤为主的消费格局不会产生变化。煤炭行业涉及的产业链条比较长，具有明显的价格传导效应。煤炭价格的波动首先会对以煤炭为主要生产原料的工业产生影响，价格的波动逐步通过产业链条的延伸而影响其他行业，最后会对国民经济的各个部门产生不同程度的影响，如图 5-3 所示。

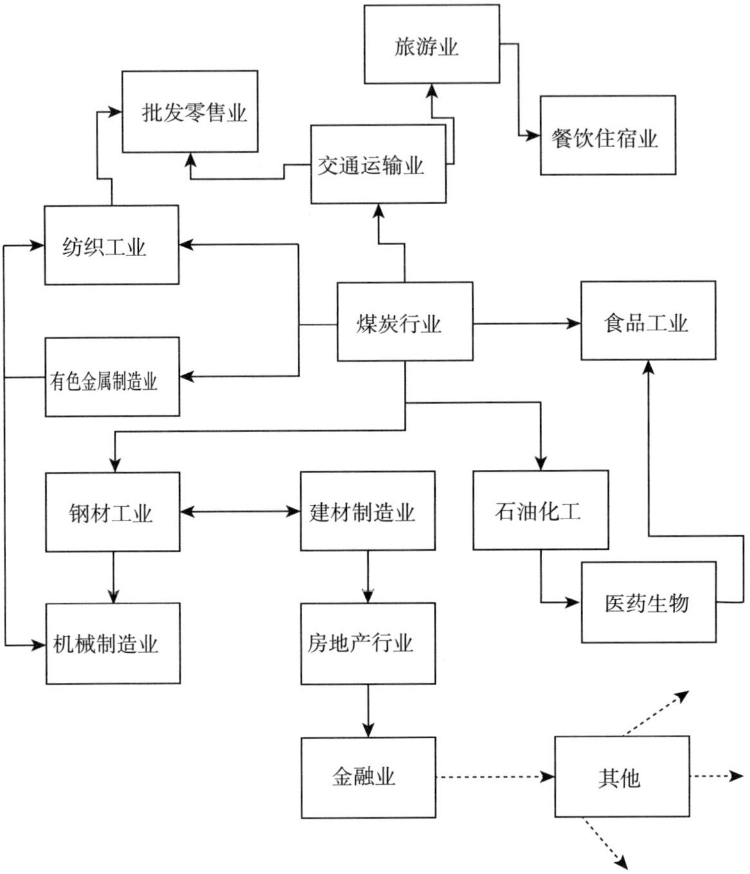

图 5-3 煤炭价格纵向传导路径

对煤炭价格传导机制研究的文献较少，段治平（2010）利用投入产出价格影响模型测算了煤炭价格变动对相关产业的影响程度；丁志华（2011）对煤炭价格波动对实体经济的影响做了测算研究。煤炭价格波动给下游产业带来直接影响，主要通过交通运输成本和生产成本的变化而实现。煤炭是大多数工业的主要原料，因此煤炭价格的上涨会带来生产成本的上涨，而生产成本的上涨通过产业链条的传导影响到每一个行业。生产成本的上涨，致使消费品价格上涨，从而导致生活成本上升，因此，生产型企业的劳务成本会随之提升。劳务成本的上升会进一步提高产品的制造成本，于是会产生“成本推动型”通货膨胀的可能。煤炭行业与各产业之间的影响，可以通过直接和间接的联系来实现。

从图 5-3 可以看到，煤炭价格变动能够对国民经济的大部分行业产生影响。煤炭价格波动首先会传导到工业领域，工业领域的价格波动又会传导到相关的其他领域，如煤炭价格波动会直接影响到钢材工业产品价格，从而会影响建材产品的市场价格，受此影响房地产市场的成本会受到影响，而房地产价格的波动会引发新的融资需求，从而导致金融业受到影响，金融产品价格变化会给其他各行业发展带来不容忽视的影响。因此煤炭价格波动的纵向传导，包括了行业之间直接和间接的影响。

（三）煤炭价格波动的横向传导

从横向角度考虑，煤炭价格的传导对其他能源价格带来了相应的影响，包括石油价格、天然气价格、其他能源价格等。从经济学角度分析，这种横向的价格影响主要是由于替代效应而产生。煤炭价格的波动，促使消费者调整了替代能源的消费规模，短期内，替代能源的产量维持在一定水平，消费需求的变化必然导致替代能源价格的波动。由于中国煤炭价格形成机制不同于石油价格，且市场化程度远低于石油市场，因此给煤炭价格研究带来一定的困难。对煤炭价格与其他能源价格关系研究的文献较少，何琬（2011）对煤炭价格和石油价格的波动溢出效应进行研究。从煤炭及炼焦工业、电力工业和石油工业的出厂价格指数（上年=100）可以看到三者之间变化的大致趋势趋同（如图 5-4所示）。某种意义上，这种共同趋势说明，煤炭价格波动对其他能源价格可能存在横向的影响。

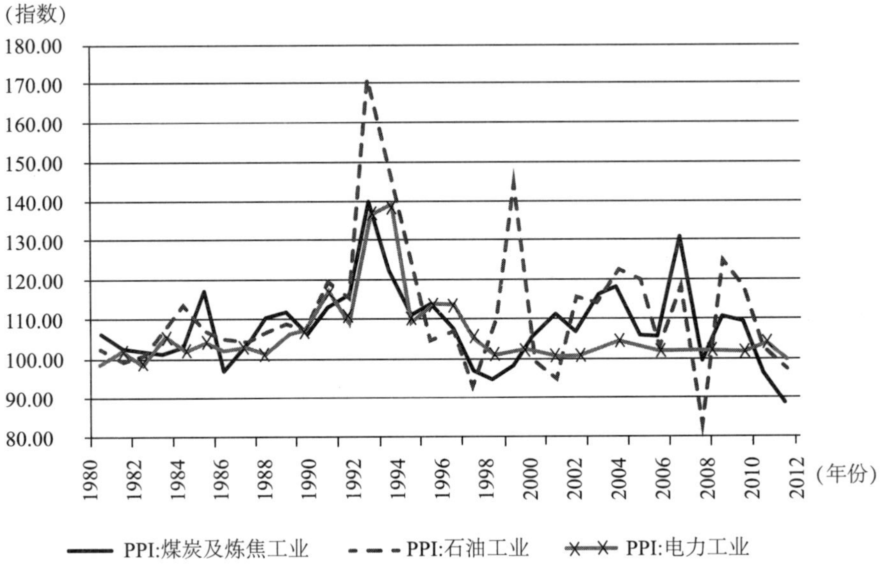

图 5-4 煤炭及炼焦工业、电力工业及石油工业价格指数变化

资料来源：国家统计局。

二、煤炭价格传导机制分析

20 世纪 80 年代前，中国的煤炭价格实行“价格单轨制”政策，煤炭价格由国家制定，市场化程度很弱；80 年代之后，中国对煤炭价格的管制逐步放松，陆续实行了“价格双轨制”政策；2002 年之后，中国逐步取消了煤炭价格管制，煤炭价格主要由市场决定，市场化程度增强。厘清煤炭价格传导路径和传导机制对建立能源价格预测体系、促进中国能源行业健康发展具有重要意义。

（一）煤炭消费状况分析

改革开放以来，中国经济快速发展，导致能源消费量的大幅增加；同样，能源行业的发展状况对中国经济的发展程度产生着显著的约束作用。1994 年至 2012 年，中国煤炭消耗量由 128532.27 万吨增至 352647.07 万吨，煤炭消耗快速增长；与此同时，中国的国民生产总值由 48459.60 亿元增至 534123 亿元。如图 5-5 和图 5-6 所示，二者几乎均呈指数级增长，具有类似的变化趋势。

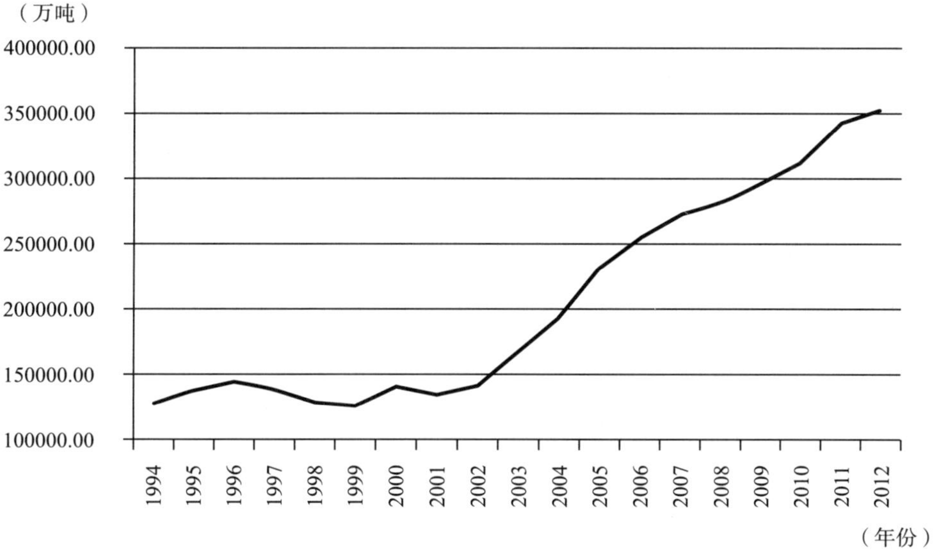

图 5-5 煤炭消耗量变化趋势

资料来源：国家统计局。

根据国家统计局 2013 年公布的国民经济行业分类标准，第一产业包括农、林、牧、渔业（不含农、林、牧、渔服务业）；第二产业包括采矿业、制造业、建筑业及电力、热力、燃气及水生产和供应业；第一产业和第二产业之外的所有行业均属于第三产业。对中国能源消费状况进行进一步分

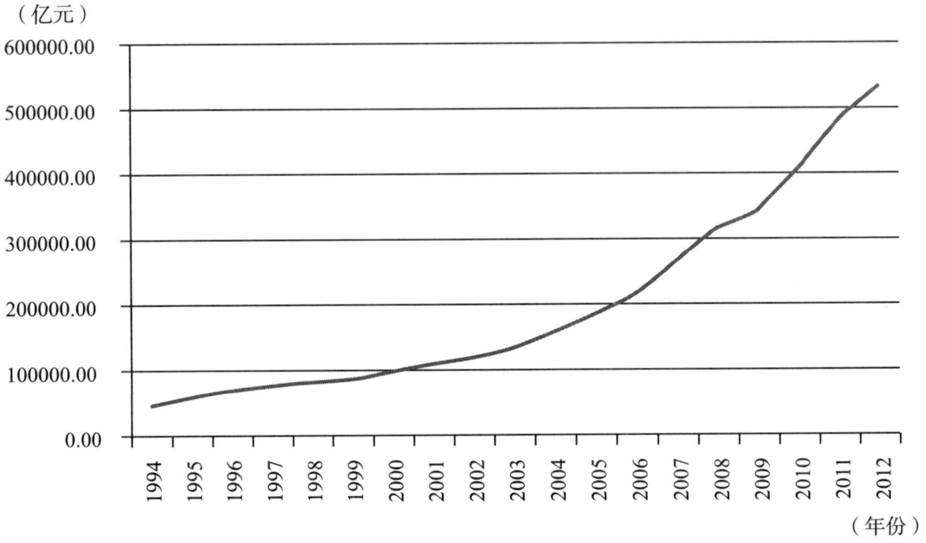

图 5-6　中国 GDP 变化趋势

资料来源：国家统计局。

析发现，第一产业和第三产业的煤炭消耗量较低，2003 年至今，第一产业和第三产业煤炭消费量在煤炭消费总量中的比例均低于 1%。这主要是由于第一、第三产业的煤炭消耗大部分是间接消耗，产业的发展并不直接依赖于能源行业；第二产业的煤炭消费量在煤炭消费总量中的占比逐年提升，由 1980 年的 73%增加至 2012 年的 95%，自 2000 年以来，该比例均在 90%以上。第二产业是煤炭消耗的主体，主要是由于第二产业的煤炭消耗大部分是直接消耗，且煤炭是第二产业中众多行业的直接原材料或辅料①。

从图 5-7 所示的煤炭消费具体构成来看，2012 年电力、热力的生产和供应业消耗煤炭量占煤炭消耗总量的 49.42%，黑色金属冶炼及压延加工业的煤炭消耗占煤炭消耗总量的 8.59%，采掘业的煤炭消耗占煤炭消耗总量的 7.87%，化学原料及化学制品制造业煤炭消耗占煤炭消耗总量的

① 该段文字中出现的数据均来自国家统计局。

5.04%，非金属矿物制品业煤炭消耗占煤炭消耗总量的7.04%，其他行业的煤炭消耗占煤炭消耗总量的22.04%。从煤炭消费结构可知，电力、热力的生产和供应业，黑色金属冶炼及压延加工业，采掘业，非金属矿物制品业以及化学原料及化学制品制造业基本涵盖了煤炭消耗总量的77%。

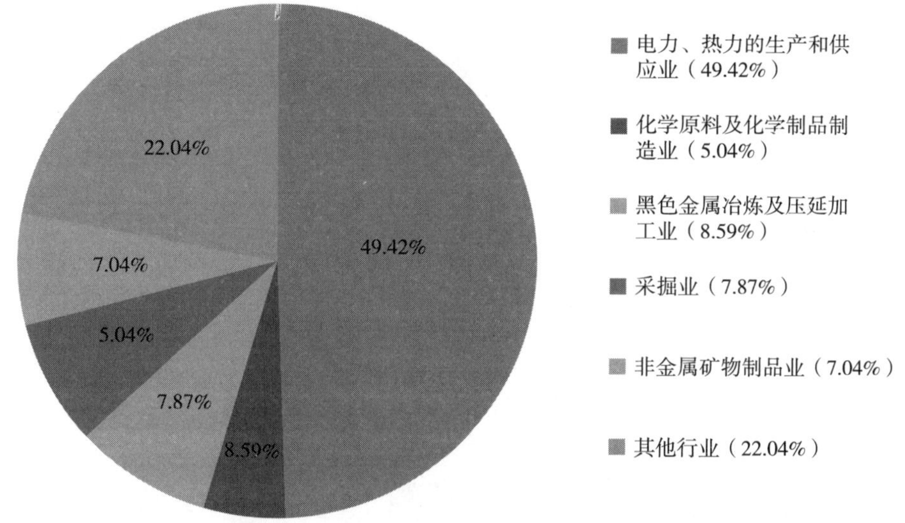

图5-7 2012年中国煤炭消费构成

资料来源：国家统计局。

（二）煤炭价格传导机制分析

煤炭在中国能源消费结构中占有重要地位，各行业的健康发展均与煤炭行业有着千丝万缕的联系。从三个产业的角度能够最大限度地了解和把握煤炭价格影响路径。但由于第二产业是煤炭消费的主体，因此对煤炭价格传导机制的研究主要围绕第二产业展开。在煤炭消费状况分析基础上，本节主要从电力工业、冶金工业、化学工业以及其他行业的产业链条角度对煤炭价格传导机制进行深入分析和研究。

1. 煤炭价格在电力工业中的传导机制分析

电力工业是煤炭的直接下游行业，长期以来，电力工业的煤炭消耗量占煤炭消耗总量的50%左右。电力、热力的生产和供应业是煤炭消耗的主要行业，本节对煤炭价格在电力工业中的传导机制进行分析和研究。据《国民经济行业分类》（GB/T 4754—2011），电力生产细分为6个小类：火力发电、水力发电、核力发电、风力发电、太阳能发电以及其他电力生产。煤炭消费主要集中于火力发电和热力生产和供应行业。中国的发电方式一直以火力发电为主，2001~2013年中国发电量构成比例如图5-8所示。据国家统计局公布的数据，2013年中国发电量51686.99亿千瓦时。其中，火力发电量为41777.91亿千瓦时，占全国发电总量的80.83%；水力发电量为7576.95亿千瓦时，占全国发电总量的14.66%；核电量为1072.15亿千瓦时，占全国发电总量的2.07%。

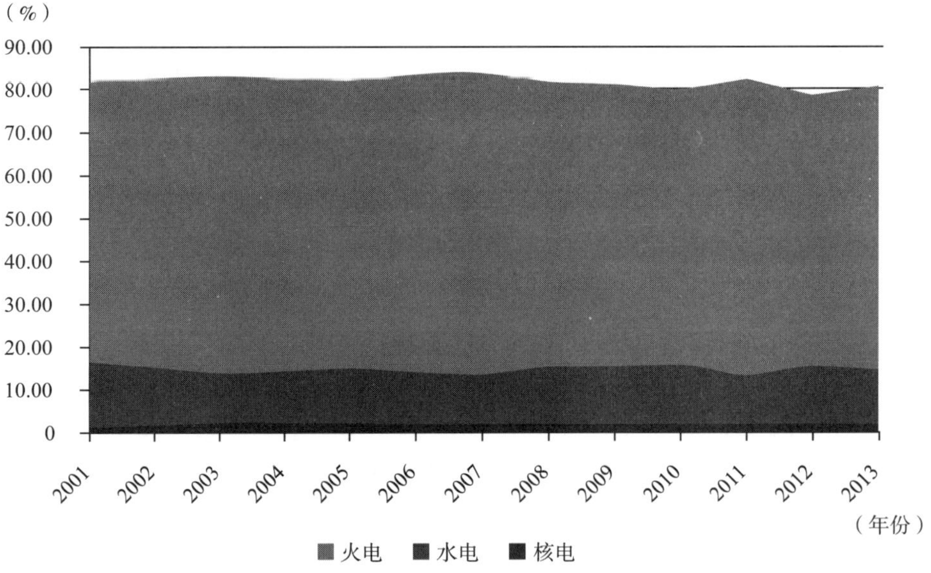

图5-8 2001~2013年中国发电量构成比例

火力发电是利用煤炭、石油等燃料燃烧时产生的热能，通过动力装置推动发电机来发电的方式的总称。火力发电采用煤炭作为一次能源，利用皮带传送技术，向锅炉输送经处理过的煤粉，煤粉燃烧加热锅炉使锅炉中的水变为水蒸气，经一次加热之后，水蒸气进入高压缸。为了提高热效率，对水蒸气进行二次加热，水蒸气进入中压缸。通过利用中压缸的蒸汽去推动汽轮发电机发电。已经作过功的蒸汽一部分抽出供给炼油、化肥等企业，其余部分流经凝汽器水冷，成为 40 度左右的饱和水作为再利用水。40 度左右的饱和水经过凝结水泵，经过低压加热器到除氧器中，此时为 160 度左右的饱和水，经过除氧器除氧，利用给水泵送入高压加热器中，其中高压加热器利用再加热蒸汽作为加热燃料，最后流入锅炉进行再次利用。火力发电的工艺流程如图 5-9 所示。

火力发电的主要系统包括：燃烧系统、汽水系统、电气系统、控制系统等。其中燃烧系统以锅炉为核心，包括输煤、磨煤、锅炉与燃烧、风烟系统、灰渣系统等环节。燃烧系统的工艺流程如图 5-10 所示。汽水系统由锅炉、各类泵、凝汽器、除氯器、加热器等构成，主要包括给水系统、冷却水系统和补水系统。燃烧系统和汽水系统通过煤炭等燃料将生水转化成高温高压蒸汽。电气系统主要由汽轮发电机、主变压器等构成，实现电能和机械能向热能的转化。控制系统则协调上述各系统合理安全地运行。各系统共同高效协同，实现煤炭等基础能源向电能的转化。

受中国国情的影响，火力发电长期以来一直是电力生产企业的主体，这一格局在短期内不会发生显著变化，因此火力发电行业依然是煤炭行业最大的下游行业。

从火力发电生产工艺可知，煤炭是火力发电企业直接的原材料，因此煤炭价格的变化直接影响到电力企业的生产成本，最终对电价产生影响：煤炭价格走高，电力企业生产成本增加，必然引起电价的上涨；反之，煤炭价格下降，电力企业生产成本降低，电价随之下跌。但由于电价一直处于政府严格管制之下，一定程度上，电价并不能反映其市场供需、成本收益等方面的真实情况。在煤炭价格市场化程度渐强，而电价依然受政府管制的背景下，煤电价格的矛盾日益突出。电价管制的改革是电力企业健康

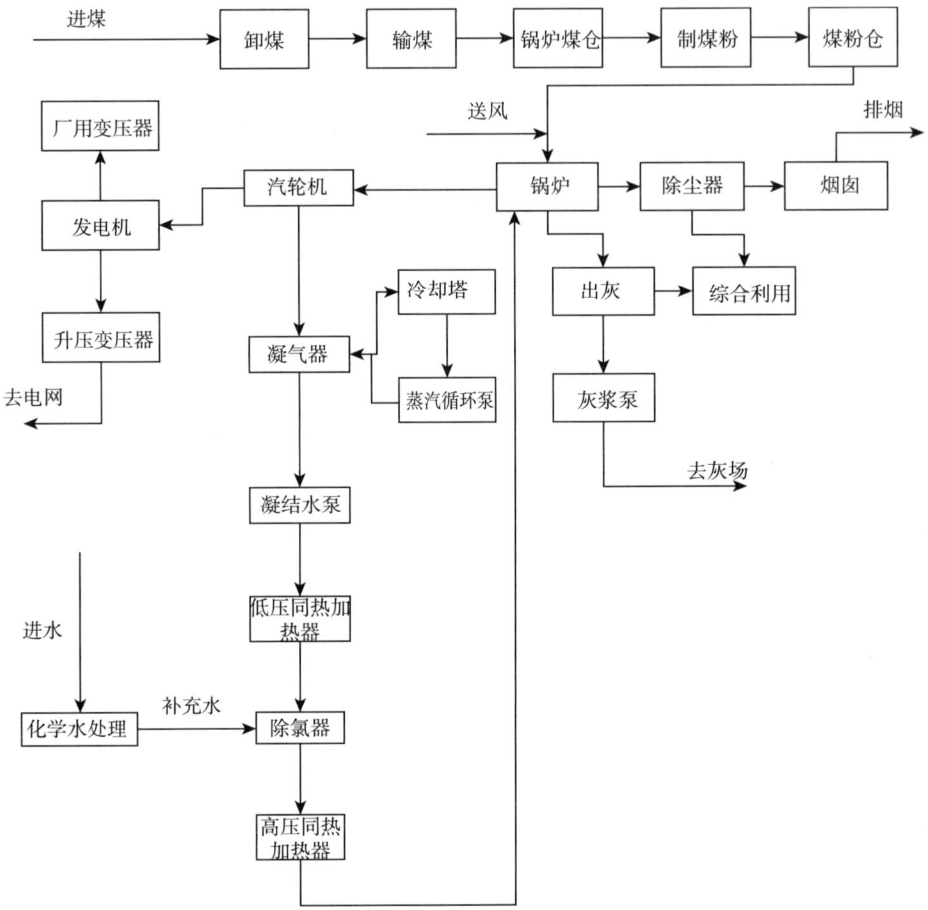

图 5-9 火力发电的工艺流程

发展的必然环节，供电方通过竞争方式形成市场电价，使得电价能够反映电力市场供求关系以及资源稀缺程度，这也是解决煤电矛盾的关键举措。

煤炭价格水平直接影响着电价，而电力是整个经济系统正常运行的关键因素，一旦电价发生波动，国民经济中大部分行业的运行成本均会发生变化，由此将会导致全社会层面物价水平的波动。

2. 煤炭价格在冶金工业中的传导机制分析

冶金工业由黑色冶金工业和有色冶金工业构成，其中以黑色冶金工业

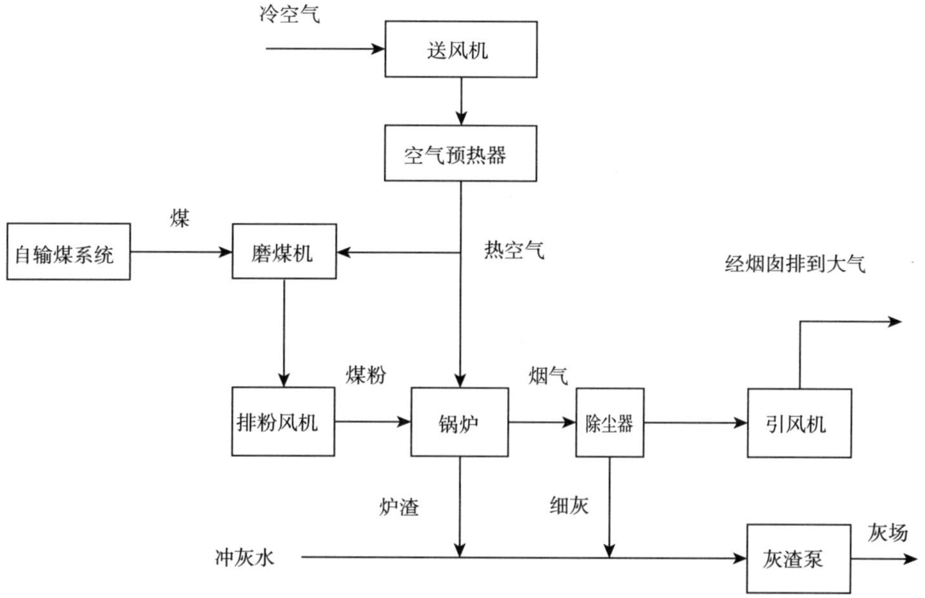

图 5-10 火力发电工艺的燃烧系统

为主。黑色冶金工业主要生产铁、锰、铬及其合金。据《国民经济行业分类》（GB/T 4754—2011），黑色金属冶炼及压延加工业包括 5 个中类：炼铁、炼钢、黑色金属铸造、钢压延加工、铁合金冶炼。

冶金工业的主要燃料为焦炭，通常冶炼 1 单位生铁需要 0.4~0.6 单位焦炭。冶金行业的生产特点决定了其生产是连续性的，因此正常运营的冶金企业必须有充足的铁矿石、焦炭以及其他辅料供应。炼铁的常见流程：①铁矿石经粉碎、剔除杂质等工艺之后成为铁精粉；②铁精粉配和一定比例的焦炭、熔剂后在高炉中烧结；③烧结过程中，焦炭经充分燃烧而释放热量，将铁矿融化成铁水。剔除杂质的铁水即为炼钢的原料。炼钢的过程即在辅料的化学作用下，进一步去除杂质的过程。在炼钢过程中的辅助生产工艺有：焦化、制氧、燃气等，其工艺流程如图 5-11 所示。

从钢铁行业基本的生产工艺过程可知，焦炭作为重要的辅料直接参与

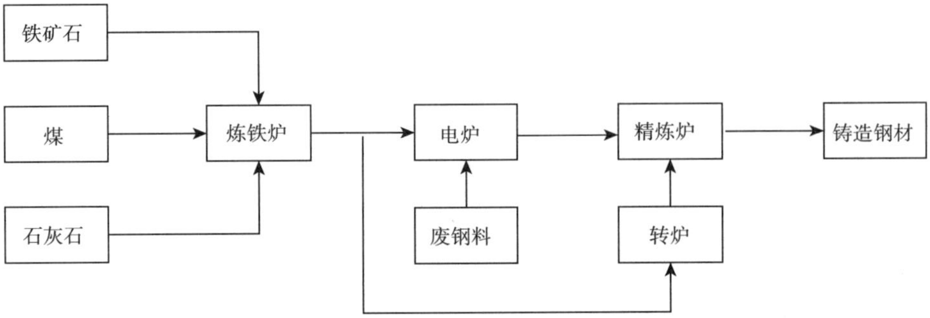

图 5-11 钢铁行业基本生产工艺

到其生产过程中，焦炭品质的高低影响钢铁企业产品质量。煤炭作为重要的生产原料，其价格变动直接影响冶金工业生产成本。就工艺水平看，由于煤炭对于冶金工业不具有替代性，煤炭价格上涨，则冶金工业生产成本增加，终端产品的价格会随之上涨；煤炭价格下降，则冶金工业生产成本降低，终端产品的价格随之下调。冶金制品在国民经济建设中不可缺少，冶金产品的市场价格波动会延伸到国民经济各行各业中，导致其他行业物价水平的变化。

3. 煤炭价格在化学工业中的传导机制分析

化学工业是指利用化学反应改变物质内部构造、成分和形态等特质，生产工艺中化学方法占据主要地位的工业的总称，由众多细分行业共同构成。据《国民经济行业分类》（GB/T 4754—2011），化学原料和化学制品制造业包括基础原料制造、肥料制造、农药制造、合成材料制造、专用化学产品制造等 8 个中类。

作为基本的化工原料，烧碱（NaOH）和纯碱（Na_2CO_3）广泛应用于医药、冶金、玻璃、纺织等工业，二者的产量和应用也是衡量化学工业发展水平的重要标志。纯碱工业是在硫酸工业之后逐步得到发展的，目前的生产方式主要是氨碱法和联合制碱法。

氨碱法制造纯碱流程主要包括：石灰煅烧制二氧化碳、盐水预处理、吸收制氨盐水、碳酸化、氨回收、煅烧制碱等环节。结合如下的纯碱生产工艺图可知，精盐水、碳酸钙、焦炭以及液氨为纯碱制作的主要原料。石灰制作是生产纯碱的第一道工序，这个过程是通过焦炭与碳酸钙按一定比例混合实现的。联合制碱法结合了氨碱法和合成氨法两种工艺，整体的经济效益更高，原材料的利用率更高，但石灰的制作仍是其必不可少的工序，其工艺流程如图 5-12 所示。

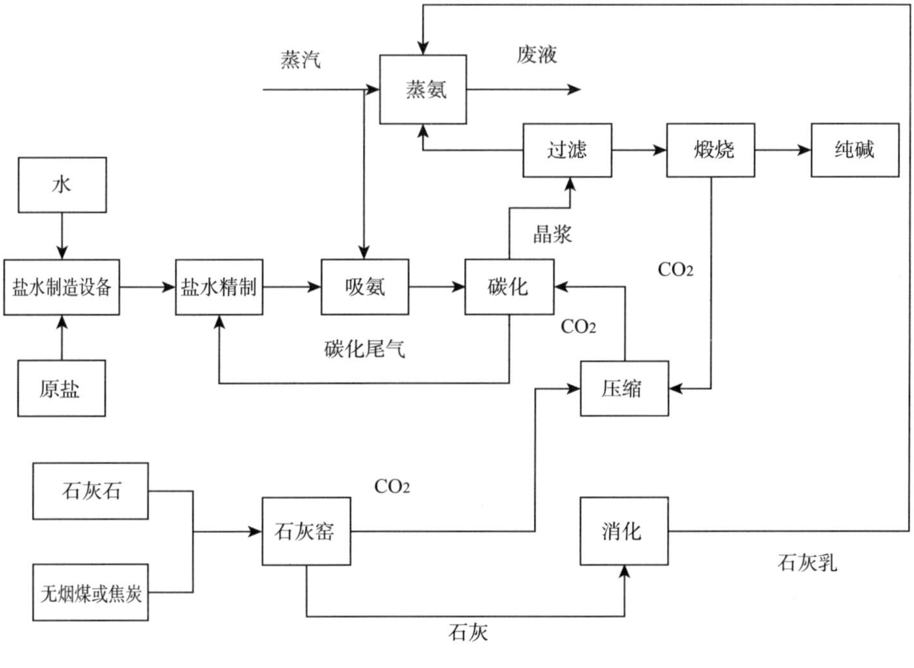

图 5-12 氨碱法制造纯碱的生产工艺

从纯碱的制作原理和工艺流程可知，焦炭作为重要的原材料和辅料直接参与到生产过程中。因此煤炭价格的变化，能够直接在纯碱的生产成本中得到体现，从而影响到纯碱的市场价格。纯碱作为重要的化工原料，在工业领域以及日常生活中均有广泛应用。轻工业、建筑材料制造工业、冶金工业、纺织业、医药工业等均是纯碱的消耗部门。纯碱作为直接的生产原料或者辅料在上述工业领域中得以应用，因此纯碱市场价格波动同时会给上述工业领域的物价水平带来影响。化学工业包含众多的中类和小类，本书以纯碱制造业为例，从产业链条的角度分析了煤炭在化学工业中的实际应用。分析认为，煤炭价格波动会导致化学工业产品价格的变化，通过错综复杂的价格传导机制的作用，最终对众多工业领域物价水平产生影响。

4. 煤炭价格在建材工业中的传导机制分析

建材工业是建筑材料生产部门的集合，是重要的基础原材料生产工业。建材产品包括：建筑材料及制品、非金属矿及制品、新型材料等。据《国民经济行业分类》（GB/T 4754—2011），非金属矿制品业包括水泥、石灰及石膏制造、砖瓦、石材等建筑材料制造、玻璃制造、耐火材料制造等9个中类。本书以水泥制造业为例，对煤炭价格在建材工业中的传导机制进行分析。

水泥是一种水硬性无机胶凝材料，在建筑行业、水利以及国防工程等方面广泛使用。水泥的生产工艺主要有传统湿法水泥生料工艺和新型干法水泥生料工艺。本书以新型干法水泥生料工艺为例对水泥的生产流程进行阐述。①石灰石破碎及存储；②黏土、铁粉、原煤、混合料以及石膏等各种原材料以及辅料的准备；③生料的均化、预热和分解；④水泥熟料的生成、水泥磨粉及包装。

从上述简化的生产流程可知，燃料煤是水泥生产的必备原料之一。水泥行业生产过程对煤炭的消耗量较大，平均来看，生产1吨水泥熟料需要消耗115千克标准煤。作为重要的生产原料之一，煤炭价格的波动必然对水泥市场价格产生影响。煤炭价格上涨，水泥行业生产成本上升，导致水泥价格的上涨；反之，煤炭价格下降，水泥行业生产成本降低，导致水泥价格的下跌。

煤炭在建筑材料的生产中应用广泛，一般是作为原料或者辅料直接参与到生产过程中，因此煤炭价格的波动会通过生产成本的变化最终影响到建筑材料市场价格的变化。建筑材料是国民经济发展中的基础原材料，与基础设施建设、房地产行业、建筑施工行业的造价水平紧密联系。因此建筑材料价格的变动同时也会通过复杂的传导机制，作用于相关领域，导致相关领域价格水平的变化。

5. 煤炭价格在其他产业中的传导机制分析

第二产业是煤炭消费的主体，研究煤炭价格在第二产业各行业中的传导机制具有积极意义，但煤炭价格的波动同样会给其他产业的物价水平带来影响，因此有必要对煤炭价格在其他产业中的价格传导机制进行分析。

（1）煤炭价格在第一产业中的传导机制分析。农业是第一产业的主要行业。煤炭工业对农业的影响路径大致有三条。路径一：煤炭价格上升→交通运输业成本上升→农产品销售成本上升→农产品销售价格上涨；路径二：煤炭价格上升→化学工业生产成本上升→农业化肥生产行业生产成本上升→种植业和林业生产成本上涨→农产品销售价格上涨；路径三：煤炭价格上涨→机械制造业生产成本上升→农机产品价格上升→种植业和林业的生产成本上升→农产品销售价格上涨。

煤炭价格波动并未对农产品价格产生直接影响，而是通过化学工业、机械制造业以及交通运输业的成本上升间接作用于农业，从而最终导致农产品价格的波动。

（2）煤炭价格在第三产业中的传导机制分析。根据国家统计局公布的国民经济行业分类标准，第三产业包括农林牧渔服务业、开采辅助活动、金属制品及机械和设备修理业、批发零售业、交通运输及仓储和邮政业、住宿和餐饮业、信息传输及软件和信息技术服务业、金融业、房地产业、租赁和商业服务业、科学研究和技术服务业等服务性行业。

煤炭价格在第三产业中的传导路径大致从两个角度考虑。路径一：煤炭价格上升→运输成本显著上升→交通运输业、仓储以及邮政业的运营成本会随之上升，同时与交通运输相关性较高的行业，如批发零售业、住宿和餐饮业以及公共设施行业均会受到运营成本上升的压力而出现价格水平的上涨。路径二：煤炭价格上涨通过制造业的中间传导机制对房地产业、金融业以及软件信息服务业产生较大影响。煤炭价格上升导致建材等价格上涨，从而在一定程度上影响房地产行业的价格水平；考虑到中国国情，房地产行业的发展与金融行业息息相关，房地产行业的资金需求量较大，需要有效的金融平台完成大额的资金流通，因此，金融业务的需求高涨会带来金融产品价格水平的提升；而金融行业整体的价格水平又会对房地产业带来进一步影响。煤炭价格上涨会导致软件制造业生产成本的上升，直接促使软件服务行业的运营成本上升，从而导致价格水平的上升。现代社会的信息化程度越来越高，软件业和信息技术服务业几乎覆盖所有的行业，特别是对信息技术依赖性较高的公共管理以及商业服务业带来的影响更大。商业服务业的价格水平提升，会导致交通运输业、批发零售、住宿餐饮等行业的成本增加。而交通运输业成本增加会进一步影响房地产业的运营成本，从而进一步开启了一个新的循环。第三产业容纳的就业人数位于三个产业的首位，煤炭价格的波动导致第三产业价格水平的上升，同时会带来全社会人力成本的提升，进一步推动了各产业价格水平的上涨。

三、煤炭价格传导效应实证分析

（一）投入产出价格模型的基本理论

1. 投入产出方法介绍

煤炭价格变动对其他行业产品价格的影响进行直接分析存在一定的困难，因为在价格传导机制中煤炭价格产生的影响遍及各个行业，既能够给某些行业带来直接影响，也会带来间接影响。受到直接影响的行业将会把这种影响继续传递到其他行业，初始的影响通过上下游行业以及不同行业之间传导，形成复杂的间接影响。一般地，直接影响能够捕获并进行分析，但间接影响很难进行量化分析。本书选择了投入产出分析方法对煤炭价格的传导进行全面分析。

投入产出分析方法由美国经济学家瓦西里·列昂惕夫于19世纪30年代提出。投入产出分析方法体现了系统论的思想，即国民经济是由多个子系统相互作用组成。从横向角度看，国民经济由货物生产部门子系统（主要由第一产业部门和第二产业部门构成）和服务生产部门子系统（主要由第三产业部门构成），每一个子系统均由其进一步细分的低一级子系统构成，且这种低一级子系统可以继续细分。从纵向角度看，国民经济由生产、流通、分配和使用等生产子系统构成，每个子系统从纵向的角度彼此相承，周而复始。投入产出分析将生产账户、收入分配账户、收入使用账户、资本账户、金融账户、资产负债账户等账户连接起来，形成一个完整的账户体系。投入产出表能够对国民经济的产业和产品关系做出准确了解和判断，如既能够对某一行业生产过程的投入结构进行静态把握，又能对不同产业之间的相互关系做出动态的理解；每个产业如何从其他行业获取生产资料，这些生产资料是按什么结构进行分配；一个产业的产出流向了哪些产业，具体流出是什么结构等问题，均能在投入产出表中得到有效解决。煤炭价格传导机制复杂，应用投入产出方法既能够对煤炭价格波动的直接影响做出分析，也能够对煤炭价格间接影响做出精度较高的衡量，同时有助于深入了解煤炭价格的传导路径及传导机制。

2. 投入产出价格模型介绍

投入产出表由于其简洁的结构，巨大的信息量，在实践和理论分析方面均得到了广泛的应用。本书将投入产出表应用在煤炭价格传导分析方面，通过投入产出价格分析方法进一步研究煤炭价格的传导。

价值型投入产出表水平方向表明各生产部门产品的使用去向，行方向体现为生产部门的收入；列方向表现为各生产部门的要素投入，价值上表现为支出。如表5-1所示。

表 5-1 价值型投入产出情况

		中间产品				最终产品	总产出
		部门 1	部门 2	…	部门 n		
中间投入	部门 1	x_{11}	x_{12}	…	x_{1n}	Y_1	X_1
	部门 2	x_{21}	x_{22}	…	x_{2n}	Y_2	X_2
	⋮	⋮	⋮	⋮	⋮	⋮	⋮
	部门 n	x_{n1}	x_{n2}	…	x_{nn}	Y_n	X_n
最初投入	固定资产折旧	D_j					
	劳动者报酬	L_j					
	生产税净额	T_j					
	营业盈余	M_j					
	合计	V_j					
总投入							

x_{ij}表示第 j 部门生产中消耗的 i 产品的直接消耗，假设 P_i 是第 i 部门的产品平均价格，第 j 部门增加值 $V_j=D_j+L_j+T_j+M_j$，据表 5-1 可以得到下列价格方程组：

$$\begin{cases} X_1 = x_{11} + x_{21} + \cdots + x_{n1} + V_1 \\ X_2 = x_{12} + x_{22} + \cdots + x_{n2} + V_2 \\ \qquad \vdots \\ X_n = x_{1n} + x_{2n} + \cdots + x_{nn} + V_n \end{cases} \tag{5.2}$$

上述方程组等式两边分别除以每一个部门的产出总数量 Q_j，得到下列方程组：

$$\begin{cases} P_1 = a_{11}P_1 + a_{21}P_2 + \cdots + a_{n1}P_n + a_{v1} \\ P_2 = a_{12}P_1 + a_{22}P_2 + \cdots + a_{n2}P_n + a_{v2} \\ \qquad \vdots \\ P_n = a_{1n}P_n + a_{2n}P_n + \cdots + a_{nn}P_n + a_{vn} \end{cases} \tag{5.3}$$

其中，$a_{ij}=\dfrac{x_{ij}}{Q_j}$为直接消耗系数，能够直接反映由于经济技术因素决定的部门投入结构，同时能够反映部门间的相互联系程度。$a_{vj}=\dfrac{V_j}{Q_j}$为增加值系数。

上述方程组可以简写为：

$$P_j = \sum_{i=1}^{n} a_{ij}P_i + a_{vj} \tag{5.4}$$

用矩阵表示为：

$$P = A'P + N \tag{5.5}$$

进一步可以推导出：

$$P = (I - A')^{-1}N \tag{5.6}$$

其中，$P=\begin{pmatrix} P_1 \\ P_2 \\ \vdots \\ P_n \end{pmatrix}$，$A'=\begin{pmatrix} a_{11} & a_{21} & \cdots & a_{n1} \\ a_{12} & a_{22} & \cdots & a_{n2} \\ \vdots & \vdots & \vdots & \vdots \\ a_{1n} & a_{2n} & \cdots & a_{nn} \end{pmatrix}$，$N=\begin{pmatrix} a_{v1} \\ a_{v2} \\ \vdots \\ a_{vn} \end{pmatrix}$，$(I-A')^{-1}$为列昂惕夫逆矩阵，记为$\overline{B}$。

从式（5.6）可以看到，由固定资产折旧系数、劳动者报酬系数、生产税净额系数和营业盈余系数组成的增加值系数是构成产品价格的重要成分。随着经济的发展，生产技术不断进步，全社会劳动生产率会提高，相应的劳动者报酬也会提高，固定资产折旧的加快，会导致利润以及税收等发生变化，上述因素的一个或者若干个发生变化均会给产品的价格带来影响。同时，任何一种产品的价格均是其他各部门产品价格的函数，只要价格机制中的某一种产品价格发生变化，整个机制内的产品价格都会发生改变。

假定第 n 部门的产品价格发生变动，由 P_n 变为 $P_n+\Delta P_n$，则其他 $n-1$ 个部门产品的价格也会随之发生变化。即在式（5.3）中，第 n 部门产品价格可以认为是外生变量，不会受到其他部门产品价格的影响，在此基础上，考虑其他 $n-1$ 部门产品价格的变化，如下式所示：

$$\begin{cases} P_1 = a_{11}P_1 + a_{21}P_2 + \cdots + a_{n-1,\ 1}P_{n-1} + a_{n1}P_n + a_{v1} \\ P_2 = a_{12}P_1 + a_{22}P_2 + \cdots + a_{n-1,\ 2}P_{n-1} + a_{n2}P_n + a_{v2} \\ P_3 = a_{13}P_1 + a_{23}P_2 + \cdots + a_{n-1,\ 3}P_{n-1} + a_{n3}P_n + a_{v3} \\ \vdots \\ P_{n-1} = a_{1,\ n-1}P_1 + a_{2,\ n-1}P_2 + \cdots + a_{n-1,\ n-1}P_{n-1} + a_{n,\ n-1}P_n + a_{v,\ n-1} \end{cases} \tag{5.7}$$

写成矩阵形式为：

$$P_{(n-1)} = A'_{(n-1)}P_{n-1} + RP_n + N_{(n-1)} \tag{5.8}$$

其中，$A'_{(n-1)} = \begin{pmatrix} a_{11} & a_{21} & \cdots & a_{n-1,1} \\ a_{21} & a_{22} & \cdots & a_{n-1,2} \\ \vdots & \vdots & \cdots & \vdots \\ a_{1,n-1} & a_{2,n-1} & \cdots & a_{n-1,n-1} \end{pmatrix}$

$P_{(n-1)} = \begin{pmatrix} P_1 \\ P_2 \\ \vdots \\ P_{n-1} \end{pmatrix}$，$R = \begin{pmatrix} a_{n1} \\ a_{n2} \\ \vdots \\ a_{n,n-1} \end{pmatrix}$，$N_{(n-1)} = \begin{pmatrix} a_{v1} \\ a_{v2} \\ \vdots \\ a_{v,n-1} \end{pmatrix}$

对式（5.8）进行数学变换得到：

$$P_{(n-1)} = (I - A'_{(n-1)})^{-1}(RP_n + N_{(n-1)}) \tag{5.9}$$

当 P_n 变为 $P_n+\Delta P_n$ 时，式（5.9）变为：

$$P_{(n-1)} + \Delta P_{(n-1)} = (I - A'_{(n-1)})^{-1}(R(P_n + \Delta P_n) + N_{(n-1)}) \tag{5.10}$$

式（5.10）减去式（5.9）得到：$\Delta P_{(n-1)} = (I - A'_{(n-1)})^{-1}R\Delta P_n$，亦即：

$$\Delta P_{(n-1)} = (I - A'_{(n-1)})^{-1}\begin{pmatrix} a_{n1} \\ a_{n2} \\ \vdots \\ a_{n,\ n-1} \end{pmatrix}\Delta P_n \tag{5.11}$$

这就是初始的投入产出价格变动模型。

由于：

$$I-A=\left(\begin{array}{cccc:c} 1-a_{11} & -a_{12} & \cdots & -a_{1,n-1} & -a_{1n} \\ -a_{21} & 1-a_{22} & \cdots & -a_{2,n-1} & -a_{2n} \\ \vdots & \vdots & & \vdots & \vdots \\ -a_{n-1,1} & -a_{n-1,2} & \cdots & 1-a_{n-1,n-1} & -a_{n-1,n} \\ \hdashline -a_{n1} & -a_{n2} & \cdots & -a_{n,n-1} & 1-a_{nn} \end{array}\right)=\begin{pmatrix} I-A_{(n-1)} & -U \\ -R' & 1-a_{nn} \end{pmatrix}$$

且 $(I-A)^{-1}=\overline{B}=\left(\begin{array}{cccc:c} \overline{b}_{11} & \overline{b}_{12} & \cdots & \overline{b}_{1,n-1} & \overline{b}_{1n} \\ \overline{b}_{21} & \overline{b}_{22} & \cdots & \overline{b}_{2,n-1} & \overline{b}_{2n} \\ \vdots & \vdots & \cdots & \vdots & \vdots \\ \overline{b}_{n-1,1} & \overline{b}_{n-1,2} & \cdots & \overline{b}_{n-1,n-1} & \overline{b}_{n-1,n} \\ \hdashline \overline{b}_{n1} & \overline{b}_{n2} & \cdots & \overline{b}_{n,n-1} & \overline{b}_{nn} \end{array}\right)=\begin{pmatrix} \overline{B}_{(n-1)} & T \\ S' & \overline{b}_{nn} \end{pmatrix}$,

则有：

$$(I-A)^{-1}(I-A)=\begin{pmatrix} \overline{B}_{(n-1)} & T \\ S' & \overline{b}_{nn} \end{pmatrix}\begin{pmatrix} I-A_{(n-1)} & -U \\ -R' & 1-a_{nn} \end{pmatrix}$$

$$=\begin{pmatrix} \overline{B}_{(n-1)}(I-A_{(n-1)})-TR' & -\overline{B}_{(n-1)}U+T(1-a_{nn}) \\ S'(I-A_{(n-1)})-\overline{b}_{nn}R' & -S'U+\overline{b}_{nn}(1-a_{nn}) \end{pmatrix}$$

$$=\begin{pmatrix} I_{(n-1)} & 0_{(n-1)\times 1} \\ 0_{1\times(n-1)} & 1 \end{pmatrix} \tag{5.12}$$

从式（5.12）中可以得到：

$$S'(I-A_{(n-1)})-\overline{b}_{nn}R'=0_{(n-1)\times 1} \tag{5.13}$$

数学变换、矩阵转置后得到：$S=(I-A'_{(n-1)})^{-1}\overline{b}_{nn}R$，亦即：

$$\begin{pmatrix} \bar{b}_{n1} \\ \bar{b}_{n2} \\ \vdots \\ \bar{b}_{n,\ n-1} \end{pmatrix} = (I - A'_{(n-1)})^{-1} \bar{b}_{nn} \begin{pmatrix} a_{n1} \\ a_{n2} \\ \vdots \\ a_{n,\ n-1} \end{pmatrix} \tag{5.14}$$

等式两边同除以 $\bar{b}_{nn}$，得到：

$$\begin{pmatrix} \bar{b}_{n1}/\bar{b}_{nn} \\ \bar{b}_{n2}/\bar{b}_{nn} \\ \vdots \\ \bar{b}_{n,\ n-1}/\bar{b}_{nn} \end{pmatrix} = (I - A'_{(n-1)})^{-1} \begin{pmatrix} a_{n1} \\ a_{n2} \\ \vdots \\ a_{n,\ n-1} \end{pmatrix} \tag{5.15}$$

将式（5.15）代入式（5.11），得到：

$$\Delta P_{(n-1)} = \begin{pmatrix} \bar{b}_{n1}/\bar{b}_{nn} \\ \bar{b}_{n2}/\bar{b}_{nn} \\ \vdots \\ \bar{b}_{n,\ n-1}/\bar{b}_{nn} \end{pmatrix} \Delta P_n \tag{5.16}$$

式（5.16）即最终的投入产出价格变动模型。

3. 模型的假设条件

使用投入产出方法研究部分产品价格变动对其他产品物价水平的影响，能够全面体现国民经济各部门之间的生产联系。投入产出价格变动模型充分考虑并反映了价格的传导机制，能够对某种产品价格变动产生的直接影响和间接影响进行全面的把握和测量。经典的投入产出价格变动模型建立在一系列的假定基础之上，这些假设条件包括：

（1）假定部门产品的价格变化是由于其生产成本或者服务消耗费用上升而引起，不考虑人员工资或者利率水平变化带来的影响，同时也不考虑折旧的影响。

（2）不考虑在原材料、燃料以及动力价格提高后，企业可能采取的降低成本的措施。

（3）不考虑产品的供求状况对其价格产生的变化，即投入产出模型从成本推动的角度去考虑价格的相互影响，并不考虑该产品供给和需求状况。

（4）不考虑政府的价格调控措施对产品价格变动产生的影响。

（5）不考虑价格传导的时滞问题。假定产品的价格通过产业链瞬时传递，不存在时间滞后问题。

4. 模型的研究对象

本书在基本假定条件下，建立煤炭行业的投入产出价格变动模型，分析煤炭价格变动给其他行业带来的影响。并将第一产业、第二产业、第三产业作为煤炭价格波动影响的研究对象，因此能够全面了解煤炭价格变动给国民经济各部门带来的影响。

（二）煤炭价格传导效应的即时影响分析

1. 煤炭价格波动对第一产业的影响分析

根据 2013 年国家统计局公布的三次产业划分标准以及 2009 年国家统计局公布的 2007 年度中国 135 部门投入产出表中第一产业的直接消耗系数测算出相应的列昂惕夫逆矩阵。为了研究方便，这里将农、林、牧、渔服务业置于第一产业中进行分析。第一产业直接消耗系数如表 5–2 所示。

表 5–2　第一产业直接消耗系数

	农业	林业	畜牧业	渔业	农、林、牧、渔服务业
农业	0. 085512	0. 013185	0. 122618	0. 030852	0. 079119
林业	0. 000307	0. 064929	0. 000269	0. 001565	0. 003697
畜牧业	0. 001621	0. 001061	0. 082057	0. 000990	0. 030182
渔业	0. 000001	0. 000005	0. 000056	0. 035833	0. 003337
农、林、牧、渔服务业	0. 016771	0. 030712	0. 007001	0. 021027	0. 041200

资料来源：根据国家统计局数据整理而得。

行和列分别加入煤炭开采和洗选业，得到直接消耗系数矩阵 A。

$$A=\begin{pmatrix} 0.085512 & 0.013185 & 0.122618 & 0.030852 & 0.079119 & 0.000020 \\ 0.000307 & 0.064929 & 0.000269 & 0.001565 & 0.003697 & 0.007248 \\ 0.001621 & 0.001061 & 0.082057 & 0.000990 & 0.030182 & 0.000000 \\ 0.000001 & 0.000005 & 0.000056 & 0.035833 & 0.003337 & 0.000000 \\ 0.016771 & 0.030712 & 0.007001 & 0.021027 & 0.041200 & 0.000000 \\ 0.000584 & 0.000635 & 0.000582 & 0.000295 & 0.000302 & 0.100557 \end{pmatrix}$$

由此测算出列昂惕夫逆矩阵：

$$(I-A)^{-1}\begin{pmatrix} 1.095522 & 0.018742383 & 0.147073384 & 0.037313539 & 0.095233363 & 0.000175251 \\ 0.000441563 & 0.069586985 & 0.000410445 & 0.001844265 & 0.004182866 & 0.008618682 \\ 0.002565888 & 1.002407379 & 1.089999358 & 0.001958932 & 0.034540112 & 1.94553E-05 \\ 6.77137E-05 & 0.000125855 & 9.97811E-05 & 1.03724593 & 0.003619065 & 1.01563E-06 \\ 0.019197438 & 0.034608951 & 0.010547502 & 0.023472925 & 1.045101988 & 0.000279302 \\ 0.000720056 & 0.000780536 & 0.000804181 & 0.000374518 & 0.000439195 & 1.111805328 \end{pmatrix}$$

据投入产出价格变动模型（5.16）可以测算出，煤炭行业价格波动对第一产业各行业价格水平的影响。若煤炭行业价格波动 100%，对第一产业各行业的价格水平产生的影响如表 5-3 所示。

表 5-3 煤炭价格波动 100%对第一产业价格水平的影响

行业	农业	林业	畜牧业	渔业	农、林、牧、渔服务业
价格变动率（%）	0.064765	0.070204	0.072331	0.033686	0.039503

资料来源：根据国家统计局数据整理而得。

2. 煤炭价格波动对第二产业的影响分析

按 2013 年国家统计局公布的分类标准，本书研究的第二产业包括 90 个行业。以 2009 年国家统计局公布的 2007 年度中国 135 部门投入产出表的直接消耗系数表为数据基础，本书对煤炭价格波动与第二产业物价水平的关系做出分析。

受篇幅的限制，本书仅列示第二产业部分行业的直接消耗系数（见表 5-4）。

表 5-4　第二产业直接消耗系数（部分）

	煤炭开采和洗选业	炼焦业	肥料制造业	水泥、石灰和石膏制造业	炼铁业	电力、热力的生产和供应业
煤炭开采和洗选业	0.100557	0.340687	0.062568	0.068017	0.054998	0.104874
石油和天然气开采业	0.000938	0.036703	0.047992	0.001377	0.001455	0.011415
非金属矿及其他矿采选业	0.000406	0.000776	0.089416	0.061347	0.019783	0.000236
家具制造业	0.001079	0.000273	0.000243	0.000213	0.000068	0.000374
造纸及纸制品业	0.000280	0.000142	0.000588	0.037357	0.000064	0.000118
石油及核燃料加工业	0.014057	0.018656	0.023980	0.013384	0.002992	0.040465
炼焦业	0.000000	0.017546	0.008246	0.000945	0.132034	0.000023
基础化学原料制造业	0.001037	0.004667	0.093654	0.004856	0.000473	0.001355
肥料制造业	0.000000	0.000000	0.137789	0.000000	0.000000	0.000000
农药制造业	0.000000	0.000000	0.000493	0.000000	0.000000	0.000000
合成材料制造业	0.000521	0.000435	0.004795	0.002736	0.000127	0.000024
专用化学产品制造业	0.007391	0.007441	0.012685	0.003412	0.001108	0.000280
日用化学产品制造业	0.000868	0.000636	0.000414	0.004043	0.000153	0.000187
医药制造业	0.000203	0.000421	0.001135	0.000699	0.000005	0.000001
化学纤维制造业	0.000006	0.000422	0.001195	0.000786	0.000008	0.000007
橡胶制品业	0.006343	0.000755	0.001675	0.001641	0.000728	0.000264
塑料制品业	0.000699	0.000813	0.071334	0.016437	0.000086	0.000031
水泥、石灰和石膏制造业	0.004074	0.000216	0.000540	0.069195	0.001874	0.001053
水泥及石膏制品制造业	0.000554	0.000061	0.000145	0.004603	0.000043	0.000159
砖瓦、石材及其他建筑材料制造业	0.001094	0.000099	0.000321	0.014742	0.000079	0.000283
玻璃及玻璃制品制造业	0.000591	0.000132	0.000468	0.006018	0.000066	0.000152
耐火材料制品制造业	0.000753	0.017732	0.000465	0.001534	0.019117	0.000048
石墨及其他非金属矿物制品制造业	0.003211	0.000137	0.000566	0.009054	0.003321	0.000205
炼铁业	0.000083	0.000000	0.000011	0.000315	0.042143	0.000004
炼钢业	0.001782	0.000012	0.000333	0.000923	0.005155	0.000006
钢压延加工业	0.043374	0.000670	0.001208	0.003517	0.015698	0.000844
铁合金冶炼业	0.000103	0.000000	0.000014	0.000150	0.004172	0.000000
金属制品业	0.022890	0.005775	0.004533	0.043976	0.002824	0.004570

续表

	煤炭开采和洗选业	炼焦业	肥料制造业	水泥、石灰和石膏制造业	炼铁业	电力、热力的生产和供应业
锅炉及原动机制造业	0.001192	0.000263	0.000719	0.001106	0.000389	0.002415
金属加工机械制造业	0.001278	0.000126	0.000492	0.000921	0.000222	0.001353
起重运输设备制造业	0.004013	0.000156	0.000600	0.000924	0.001324	0.000202
其他通用设备制造业	0.023786	0.023232	0.025246	0.037227	0.009065	0.004182
矿山、冶金、建筑专用设备制造业	0.023743	0.000159	0.000415	0.010647	0.017878	0.000295
其他专用设备制造业	0.002285	0.000166	0.000241	0.000355	0.000174	0.000577
铁路运输设备制造业	0.001472	0.000123	0.000390	0.001025	0.000738	0.000225
汽车制造业	0.007115	0.002289	0.004250	0.004477	0.005859	0.010553
其他交通运输设备制造业	0.000443	0.000188	0.000165	0.000187	0.000573	0.000370
电机制造业	0.003120	0.000777	0.000175	0.000179	0.000511	0.000544
仪器仪表制造业	0.006746	0.002611	0.005695	0.002133	0.002006	0.018735
文化、办公用机械制造业	0.000150	0.000059	0.000044	0.000029	0.000010	0.000049
电力、热力的生产和供应业	0.062450	0.065831	0.076218	0.109638	0.033913	0.358690
燃气生产和供应业	0.000446	0.007685	0.001171	0.000251	0.000711	0.001051

资料来源：根据国家统计局数据整理而得。

据第二产业完整的直接消耗系数表，可以得到 90×90 的直接消耗系数矩阵 A 以及 90×90 的列昂惕夫逆矩阵。据投入产出价格变动模型（5.16）可以对煤炭价格波动对第二产业产品价格水平的影响进行测算。若煤炭价格波动 100%，对第二产业各行业的价格水平产生的影响如表 5-5 所示。在表 5-5 中已将第二产业具体行业按价格波动水平进行了降序排列。

表 5-5　煤炭价格波动 100%对第二产业价格水平的影响

行业	次序	变动率（%）	行业	次序	变动率（%）
煤炭开采和洗选业	1	100	造纸及纸制品业	46	3.757596
炼焦业	2	36.557303	电子元器件制造业	47	3.681224
电力、热力的生产和供应业	3	17.310400	文化、办公用机械制造业	48	3.570560

续表

行业	次序	变动率（%）	行业	次序	变动率（%）
炼铁业	4	13.609875	船舶及浮动装置制造业	49	3.472490
肥料制造业	5	11.708017	其他交通运输设备制造业	50	3.466903
水泥、石灰和石膏制造业	6	11.099263	汽车制造业	51	3.463420
砖瓦、石材及其他建筑材料制造业	7	10.869659	家用电力和非电力器具制造业	52	3.418667
炼钢业	8	10.113000	非金属矿及其他矿采选业	53	3.397245
基础化学原料制造业	9	9.439525	文教体育用品制造业	54	3.300957
燃气生产和供应业	10	9.097611	工艺品及其他制造业	55	3.298608
玻璃及玻璃制品制造业	11	8.789791	木材加工及木、竹、藤、棕、草制品业	56	3.269722
钢压延加工业	12	8.586695	仪器仪表制造业	57	3.128120
水泥及石膏制品制造业	13	8.138443	家具制造业	58	2.931003
石墨及其他非金属矿物制品制造业	14	8.100910	棉、化纤纺织及印染精加工业	59	2.923516
耐火材料制品制造业	15	7.470569	日用化学产品制造业	60	2.912799
专用化学产品制造业	16	7.357073	家用视听设备制造业	61	2.873230
铁合金冶炼业	17	7.085728	石油及核燃料加工业	62	2.830248
陶瓷制品制造业	18	6.464023	雷达及广播设备制造业	63	2.814084
有色金属冶炼及合金制造业	19	5.901787	石油和天然气开采业	64	2.808233
金属制品业	20	5.732857	电子计算机制造业	65	2.798140
涂料、油墨、颜料及类似产品制造业	21	5.407854	针织品、编织品及其制品制造业	66	2.789153
有色金属压延加工业	22	5.374291	通信设备制造业	67	2.785130
黑色金属矿采选业	23	5.215289	印刷业和记录媒介的复制业	68	2.776025
农药制造业	24	5.205606	纺织制成品制造业	69	2.495132
合成材料制造业	25	5.037587	其他电子设备制造业	70	2.460762
泵、阀门、压缩机及类似机械的制造业	26	4.831398	纺织服装、鞋、帽制造业	71	2.252431
其他通用设备制造业	27	4.802576	麻纺织、丝绢纺织及精加工业	72	2.081293
化学纤维制造业	28	4.745061	医药制造业	73	2.010219

续表

行业	次序	变动率（%）	行业	次序	变动率（%）
建筑业	29	4.741865	软饮料及精制茶加工业	74	1.999660
化工、木材、非金属加工专用设备制造业	30	4.622014	调味品、发酵制品制造业	75	1.977179
矿山、冶金、建筑专用设备制造业	31	4.595367	液体乳及乳制品制造业	76	1.765904
起重运输设备制造业	32	4.434942	毛纺织和染整精加工业	77	1.721280
水的生产和供应业	33	4.400142	方便食品制造业	78	1.691499
电线、电缆、光缆及电工器材制造业	34	4.392350	酒精及酒的制造业	79	1.673524
铁路运输设备制造业	35	4.336617	皮革、毛皮、羽毛（绒）及其制品业	80	1.525899
塑料制品业	36	4.307895	其他食品制造业	81	1.505639
金属加工机械制造业	37	4.298256	制糖业	82	1.023696
橡胶制品业	38	4.232164	其他食品加工业	83	0.791910
其他专用设备制造业	39	4.228998	烟草制品业	84	0.649075
锅炉及原动机制造业	40	4.075117	植物油加工业	85	0.627689
其他电气机械及器材制造业	41	4.066641	饲料加工业	86	0.586822
有色金属矿采选业	42	4.022713	谷物磨制业	87	0.541175
农林牧渔专用机械制造业	43	3.978959	废品废料	88	0.539462
电机制造业	44	3.925947	水产品加工业	89	0.407368
输配电及控制设备制造业	45	3.862331	屠宰及肉类加工业	90	0.286317

资料来源：根据国家统计局数据整理而得。

3. 煤炭价格波动对第三产业的影响分析

据国家统计局的分类标准，本书研究的第三产业包含 40 个行业（去除了农、林、牧、渔服务业）。以 2009 年国家统计局公布的 2007 年度中国 135 个部门投入产出表中第三产业的直接消耗系数表为基础，本书对煤炭价格波动对第三产业产品价格水平的影响展开分析。

由于篇幅关系，本书列出了第三产业部分行业的直接消耗系数（见表 5-6）。

表 5-6　第三产业直接消耗系数（部分）

	铁路运输业	道路运输业	城市公共交通业	餐饮业	房地产业	旅游业
铁路运输业	0.011330	0.000421	0.000419	0.001102	0.000779	0.006722
道路运输业	0.003050	0.060532	0.000909	0.002135	0.000972	0.002699
城市公共交通业	0.000000	0.000500	0.000168	0.000419	0.000300	0.009696
水上运输业	0.000597	0.000881	0.000940	0.002536	0.000161	-0.001739
航空运输业	0.000030	0.000874	0.000884	0.001510	0.001090	0.010216
管道运输业	0.000145	0.000084	0.000761	0.000206	0.000017	0.000040
装卸搬运和其他运输服务业	0.002621	0.004174	0.003753	0.004223	0.000143	-0.001450
仓储业	0.002709	0.007681	0.001804	0.000086	0.000272	-0.000064
邮政业	0.000000	0.000268	0.000343	0.000129	0.000439	0.004471
电信和其他信息传输服务业	0.011590	0.003039	0.002063	0.001173	0.002786	0.024676
计算机服务业	0.000186	0.000229	0.000016	0.000152	0.000052	0.007326
软件业	0.000000	0.000000	0.000000	0.000000	0.000000	0.000037
批发零售业	0.006782	0.010044	0.010669	0.029515	0.002857	0.015802
住宿业	0.001978	0.004892	0.001058	0.000777	0.003990	0.023462
餐饮业	0.003065	0.012727	0.003427	0.002637	0.006949	0.020393
银行业、证券业和其他金融活动	0.056671	0.048744	0.041432	0.011157	0.022431	0.029068
保险业	0.013034	0.015414	0.018799	0.000801	0.002390	0.020692
房地产业	0.000986	0.003610	0.002790	0.012407	0.008919	0.033310
租赁业	0.000640	0.000774	0.001025	0.000244	0.000029	0.000979
商务服务业	0.000965	0.003592	0.001948	0.011893	0.021404	0.046550
旅游业	0.000287	0.000623	0.001621	0.000212	0.000446	0.001923
研究与试验发展业	0.001075	0.000136	0.000040	0.000009	0.000140	0.000863
专业技术服务业	0.000707	0.001131	0.001106	0.000000	0.001117	0.001526
科技交流和推广服务业	0.000000	0.000000	0.000024	0.000007	0.000018	0.001143
地质勘查业	0.000000	0.000000	0.000000	0.000000	0.000000	0.000000
水利管理业	0.000000	0.000000	0.000000	0.000000	0.000000	0.000000
环境管理业	0.001137	0.000114	0.000160	0.000210	0.000227	0.000516
公共设施管理业	0.000000	0.000000	0.000000	0.000000	0.000000	0.000000

续表

	铁路运输业	道路运输业	城市公共交通业	餐饮业	房地产业	旅游业
居民服务业	0.000015	0.000023	0.000016	0.000017	0.000074	0.000430
其他服务业	0.006582	0.023781	0.005820	0.006219	0.006146	0.013707
教育	0.002447	0.001466	0.002220	0.000524	0.000442	0.005166
旅游业	0.000000	0.000670	0.001607	0.000207	0.000033	0.000595
研究与试验发展业	0.000170	0.000123	0.000142	0.000096	0.000220	0.000137
专业技术服务业	0.000000	0.000000	0.000000	0.000000	0.000000	0.000000
科技交流和推广服务业	0.000245	0.000378	0.000276	0.000320	0.001716	0.002325
地质勘查业	0.000748	0.000185	0.000161	0.000093	0.000698	0.001703
水利管理业	0.000206	0.000149	0.000172	0.000117	0.000268	0.000166
环境管理业	0.000000	0.000000	0.000000	0.000000	0.000000	0.000000
公共设施管理业	0.000869	0.001308	0.000574	0.000685	0.001166	0.003983
居民服务业	0.000339	0.000246	0.000283	0.000192	0.000440	0.000272

资料来源：根据国家统计局数据整理而得。

在完整的直接消耗系数表的行和列分别加入煤炭开采和洗选业，可以得到 41×41 的直接消耗系数矩阵 A 以及 41×41 的列昂惕夫逆矩阵。据投入产出价格变动模型（5.16）可以对煤炭价格波动对第三产业产品价格水平的影响进行测算。煤炭价格波动 100%对第三产业各行业的价格水平产生的影响如表 5-7 所示。

表 5-7　煤炭价格波动 100%对第三产业价格水平的影响

行业	次序	变动率（%）	行业	次序	变动率（%）
铁路运输业	1	0.718527	广播、电视、电影和音像业	21	0.124533
环境管理业	2	0.684663	文化艺术业	22	0.123849
卫生	3	0.461648	租赁业	23	0.123777
其他服务业	4	0.428331	体育	24	0.114265
居民服务业	5	0.300145	专业技术服务业	25	0.113352
道路运输业	6	0.284435	新闻出版业	26	0.109848
教育	7	0.281568	社会保障业	27	0.109352
公共管理和社会组织	8	0.269463	航空运输业	28	0.080788
公共设施管理业	9	0.214532	娱乐业	29	0.074027

续表

行业	次序	变动率（%）	行业	次序	变动率（%）
管道运输业	10	0.174158	批发零售业	30	0.073383
仓储业	11	0.170897	社会福利业	31	0.069273
装卸搬运和其他运输服务业	12	0.168097	餐饮业	32	0.066803
邮政业	13	0.167943	保险业	33	0.063442
地质勘查业	14	0.163912	水上运输业	34	0.045178
城市公共交通业	15	0.153198	软件业	35	0.041368
研究与试验发展业	16	0.145267	旅游业	36	0.040016
水利管理业	17	0.144611	计算机服务业	37	0.027182
商务服务业	18	0.139241	房地产业	38	0.020251
科技交流和推广服务业	19	0.134469	银行业、证券业和其他金融活动	39	0.013557
住宿业	20	0.131933	电信和其他信息传输服务业	40	0.013152

（三）煤炭价格传导即时影响的差异性分析

经济社会中各行业均存在着千丝万缕的联系，煤炭价格的波动通过复杂的价格传导机制对各行业的物价水平产生影响。由于各行业的运行规律、经营特质等不同，导致其与煤炭行业联系的紧密程度不同，因此煤炭价格波动在各行业中产生的影响存在差异性。下面将从产业关系的角度对这种差异性进行分析。

煤炭价格波动对第一产业的影响较小。在其他条件不变的情况下，假设煤炭价格波动 100%，畜牧业价格水平同向波动 0.072331%，为第一产业中价格水平受影响最大的行业，其次是林业，价格水平同向波动 0.070204%，接下来是农业和渔业。农、林、牧、渔服务业属于第三产业，由于与第一产业相关性较高，将其与第一产业一起进行分析。平均来看，煤炭价格波动 100%，第一产业产品价格会相应同方向波动 0.056%左右。煤炭价格波动对第一产业产生的影响相对较小，这主要是由于煤炭价格的变化不会对第一产业直接产生影响，而是通过化学工业、交通运输业等行业间接作用于第一产业，从而导致其价格水平的波动。

第二产业中炼焦业价格水平对煤炭价格波动的敏感程度最大，煤炭价格波动 100%，炼焦业物价水平同向波动 36.557303%，炼焦行业是煤炭行业的直接下游行业，煤炭价格直接关系到炼焦业的生产成本，因此煤炭价格波动对炼焦行业的物价水平影响较大；电力、热力的生产和供应业对煤炭价格波动的影响排第二位，当煤炭价格波动 100%，其价格水平相应波动 17.310400%，煤炭是电力、热力行业的主要原材料，煤炭价格波动对电力、热力供应行业形成直接的成本压力；然后是炼铁业，煤炭价格波动 100%，会导致炼铁行业物价水平波动 13.609875%，煤炭既是炼铁业主要的动力来源，也是重要的辅料，煤炭价格的波动同样也增加了炼铁业的生产成本。

煤炭价格波动对第二产业各行业的影响均处于较高水平，煤炭价格波动 100%，第二产业物价水平平均波动 4.715231%，具体有 28 个行业的物价波动水平高于第二产业的平均水平，占第二产业的 31.46%。第二产业中，对煤炭价格波动敏感程度超过平均水平的行业，大部分均以煤炭为主要的生产原料或动力原料，如炼焦、电力、热力、炼钢、建筑材料以及化学药品制造行业等。

第三产业中，铁路运输业的物价水平对煤炭价格波动最为敏感，煤炭价格波动 100%，铁路运输业物价水平波动 0.718527%，主要是由于煤炭作为主要的动力燃料，其价格的波动必然会导致铁路运输业的运营成本变动，从而引起其物价的波动；其次是环境管理业，煤炭价格波动 100%，其物价水平相应波动 0.684663%，中国煤炭消费占一次能源消费的 70%以上，煤炭消耗是引起环境污染的重要原因，煤炭价格波动会导致煤炭市场格局的变化，从而引起环境管理业的运营成本的变化，最终导致该行业物价水平的变动；卫生业的物价水平波动幅度在第三产业中居第三位，煤炭价格波动 100%，卫生业物价水平将波动 0.461648%，医疗器械的生产依赖于制造业，而煤炭是制造业的重要原料和燃料；化学药品很大比例从煤炭中提取，因此煤炭价格波动能够对卫生业产生直接和间接的影响，导致其物价水平的波动。平均来看，煤炭价格波动 100%，第三产业物价水平波动 0.169611%，即第三产业中 27.5%的行业物价波动水平超过了平均水平。

总体来看，煤炭价格波动对第一、第三产业产生的影响较小，这主要是由于煤炭价格的变化不会对第一、第三产业直接产生影响，而是通过化学工业、交通运输业等行业间接作用于第一、第三产业，从而导致其物价水平波动幅度相对较小。第二产业包括采矿业、制造业、建筑业及电力、热力、燃气及水生产和供应业等。煤炭价格的影响除了可以直接影响第二产业的相关行业，而且能够在第二产业各部门中通过相互作用进一步传导，因此，从平均的观点来看，煤炭价格波动在第二产业中的影响程度要显著高于第一产业和第三产业。

四、煤炭价格传导效应时滞分析

（一）VAR 模型时滞分析的基本理论

借助于上述投入产出价格变动模型，本节对煤炭价格变动在第一、第二、第三产业的传导路径以及影响程度进行了量化分析。任何价值运动均存在一定的时滞，有效的货币政策或财政政策能够充分利用这种时滞，进而产生良好的宏观调控效果。投入产出技术使用时严格规定煤炭价格的传导是即时的，因此需对煤炭价格传导的时滞做进一步研究。

本书研究的煤炭价格传导体系，煤炭价格通过三个产业中不同行业的相互作用而传导，组成了一个严密的价格传导体系。考虑到以上因素，本书选择向量自回归（VAR）模型对价格传导机制中相互联系变量之间的动态关系进行研究。

1980 年 C. A. Sims 首次提出 VAR 模型，他认为一个系统内所有变量之间如果具有联立性，就应该被平等对待，因此将研究系统中的所有变量均视为内生变量，不进行内生变量和外生变量的区分。

VAR 模型将系统每个内生变量作为系统中所有内生变量滞后值的函数构建模型，充分揭示了系统中各变量的动态关系，弥补了传统结构化计量方法的不足，在动态系统研究中获得广泛应用。

VAR（p）模型的数学表达式为①：

$$Y_t = c_t + \phi_1 Y_{t-1} + \cdots + \phi_p Y_{t-p} + \varepsilon_t \quad t = 1, 2, \cdots, T \tag{5.17}$$

其中，Y_t 为 k 维内生变量列向量，X_t 为 d 维外生变量列向量，p 为滞后阶数，T 是样本个数。ϕ、H 均为待估计的系数矩阵，ε_t 为 k 维扰动列向量。式（5.17）可以表示成向量的形式：

$$\begin{pmatrix} Y_{1t} \\ Y_{2t} \\ \vdots \\ Y_{kt} \end{pmatrix} = \begin{pmatrix} c_1 \\ c_2 \\ \vdots \\ c_k \end{pmatrix} + \phi_1 \begin{pmatrix} Y_{1t-1} \\ Y_{2t-1} \\ \vdots \\ Y_{kt-1} \end{pmatrix} + \cdots + \phi_p \begin{pmatrix} Y_{1t-p} \\ Y_{2t-p} \\ \vdots \\ Y_{kt-p} \end{pmatrix} + \begin{pmatrix} \varepsilon_{1t} \\ \varepsilon_{2t} \\ \vdots \\ \varepsilon_{kt} \end{pmatrix}, \ t = 1, 2, \cdots, T \tag{5.18}$$

VAR 模型在分析随机扰动对变量系统的动态冲击方面应用广泛，能够解释研究系统内经济冲击对各经济变量形成的影响。本书通过 VAR 模型的脉冲响应函数来定量分析煤炭价格的波动对整个经济以及第一、第二、第三产业价格水平产生的滞后影响。

脉冲响应函数能够描绘研究系统中的变量对 VAR 模型中的各个误差项的冲击如何响应，即每个误差项的一个标准差变化会对整个系统产生怎样的影响，这种影响时效性如何，脉冲响应函数均会跟踪并作出定量分析。q 阶移动平均过程记作 MA（q），可以表示为：

$$Y_t = \varphi_1 \varepsilon_t + \phi_1 \varepsilon_{t-1} + \phi_2 \varepsilon_{t-2} + \cdots + \varphi_q \varepsilon_{t-q}, \quad t = 1, 2, \cdots, T \tag{5.19}$$

---

① 此部分内容引自高铁梅编著的《计量经济分析方法与建模——Eviews 应用与实例》第 267-285 页。

其中，φ_1、φ_2、…、φ_q 为 q 阶移动平均模型的系数，ε_t 是白噪声序列。

VAR 模型均可以表示成无限阶的移动平均过程 VMA（∞）过程。即：

$$Y_{t+s} = \varepsilon_{t+s} + \varphi_1\varepsilon_{t+s-1} + \varphi_2\varepsilon_{t+s-2} + \cdots + \varphi_s\varepsilon_t + \cdots \tag{5.20}$$

其中：

$$\varphi_s = \frac{\partial Y_{t+s}}{\partial \varepsilon_t} \tag{5.21}$$

φ_s 的第 i 行、第 j 列元素表示在其他误差项保持不变条件下，第 j 个变量的误差项 ε_{jt} 受到一个单位冲击后，对第 i 个内生变量在 $t+s$ 期造成的影响。φ_s 的第 i 行、第 j 列元素可以视为滞后期为 s 的函数：

$$\frac{\partial Y_{i,\ t+s}}{\partial \varepsilon_{jt}},\ s = 1,\ 2,\ 3,\ \cdots \tag{5.22}$$

式（5.22）描述了在第 t 期，其他扰动项不变的情况下，第 j 个变量的扰动项增加一个单位时，$Y_{i,t+s}$ 对 ε_{jt} 一个单位冲击的响应过程，称为脉冲响应函数。

本书利用脉冲响应函数研究在其他条件不变的情况下，煤炭价格受到一个单位冲击后，其他行业的价格指数如何变化，并对变化的时滞做相应分析。

（二）煤炭价格波动对宏观经济影响时滞分析

中国目前的能源消费格局以煤炭为主，煤炭价格波动将会对宏观经济价格指数产生一定的影响。下面对宏观经济价格指数受煤炭价格变动影响的滞后期进行分析。本书选取 1996 年 10 月至 2015 年 2 月的消费者物价指数（CPI）、生产者物价指数（PPI）以及生产者物价指数中按工业行业分类的煤炭开采和洗选业价格指数（MT）为研究的时间序列，所选数据均来源于国家统计局公布的当月同比数据。

煤炭工业是国民经济中的重要工业部门，煤炭价格的波动会给国民经济的物价水平带来一定的影响；反之，国民经济整体物价水平的变动反过来会影响煤炭价格，因此煤炭价格与宏观经济价格水平是相互影响、相互制约的。如图 5-13 所示，长期来看，煤炭价格波动趋势与 CPI、PPI 的波动趋势具有一致性，但波动幅度要明显大于后两者。煤炭价格变化对宏观经济价格指数的滞后影响能够利用 VAR 模型进行研究，在此选取 CPI、PPI、MT 三个变量为模型的内生变量，无其他外生变量。

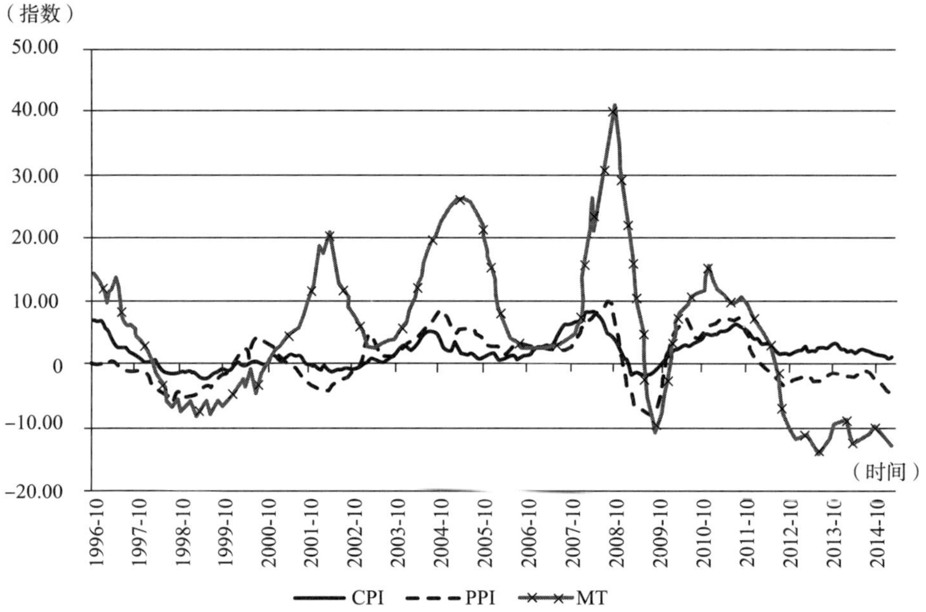

图 5-13　煤炭价格指数与宏观经济价格指数走势

1. 变量的稳定性检测

变量的平稳程度直接关系到建立 VAR 模型的有效性，本书通过 ADF 单位根检验对变量 CPI、PPI、MT 的平稳性进行测度，其结果如表 5-8 所示。

表 5-8　变量平稳性检验结果

变量	检验类别	ADF 检验值	显著性概率	5%的临界值	结论
CPI	（c，t，14）	-3.753903	0.0210	-3.431576	平稳
PPI	（0，0，14）	-3.377129	0.0006	-1.942439	平稳
MT	（0，0，14）	-2.733882	0.0051	-1.942448	平稳

注：本表数据根据 Eviews 软件分析整理而得。c 表示截距项，t 表示趋势项，n 表示滞后阶数，此处的滞后阶数为 14，根据 Schwarz Info Criterion 准则自动选择。

从表 5-8 可知，在 95%的置信度下可以认为变量 CPI、PPI、MT 是平稳的，能够对上述三个变量建立 VAR 模型。

2. 建立 VAR 模型

建立 VAR 模型的重要步骤是对滞后期的确定，本书进行多次试验，通过比较 AIC 值和 SC 值来确定滞后期。表 5-9 将多次实验结果列示，表明滞后期为 2 时，AIC 值以及 SC 值同时达到最小，因此该 VAR 模型的滞后期选为 2。

表 5-9　不同滞后期对应的 AIC 值以及 SC 值

滞后期	AIC 值	SC 值
1	8.4342	8.6194
2	7.8185	8.1455
3	7.8205	8.2842

利用 VAR（2）模型对变量 CPI、PPI、MT 之间的关系进行实证分析，模型可以表示为：

$$\begin{pmatrix} CPI_t \\ PPI_t \\ MT_t \end{pmatrix} = \begin{pmatrix} c_1 \\ c_2 \\ c_3 \end{pmatrix} + \Phi_1 \begin{pmatrix} CPI_{t-1} \\ PPI_{t-1} \\ MT_{t-2} \end{pmatrix} + \Phi_2 \begin{pmatrix} CPI_{t-2} \\ PPI_{t-2} \\ MT_{t-2} \end{pmatrix} + \begin{pmatrix} \varepsilon_{1t} \\ \varepsilon_{2t} \\ \varepsilon_{3t} \end{pmatrix} \tag{5.23}$$

对系数矩阵 Φ_1、Φ_2 的求解能够利用 Eviews 6.0 得到，结论如表 5-10 所示。

表 5-10　VAR（2）模型参数估计值

	CPI	MT	PPI
CPI（-1）	0.923393 (0.07174) [12.8705]	0.363101 (0.23021) [1.57727]	0.278629 (0.08055) [3.45917]
CPI（-2）	-0.001574 (0.07007) [-0.02246]	-0.252913 (0.22483) [-1.12493]	-0.251805 (0.07866) [-3.20101]

续表

	CPI	MT	PPI
MT (-1)	0.011119 (0.02098) [0.53013]	1.204105 (0.06730) [17.8909]	0.013561 (0.02355) [0.57587]
MT (-2)	-0.028181 (0.02041) [-1.38093]	-0.244068 (0.06548) [-3.72727]	-0.013617 (0.02291) [-0.59431]
PPI (-1)	0.106707 (0.05258) [2.02928]	0.752863 (0.16873) [4.46203]	1.552253 (0.05904) [26.2934]
PPI (-2)	-0.057742 (0.05305) [-1.08843]	-0.646997 (0.17022) [-3.80085]	-0.605336 (0.05956) [-10.1635]
C	0.175742 (0.05860) [2.99882]	-0.189471 (0.18804) [-1.00759]	-0.000629 (0.06579) [-0.00955]

从表5-10中显示的t统计检验量值（系数估计值下面第二个括号内）可以知道，约一半的滞后变量是不显著的，在此并未进行筛选，均保留到模型中。由上述参数估计值可以得到如下的VAR（2）公式：

$$CPI = 0.175742 + 0.923393CPI(-1) - 0.001574CPI(-2) + 0.011119MT(-1) - 0.028181MT(-2) + 0.106707PPI(-1) - 0.057742PPI(-2) \tag{5.24}$$

$$MT = -0.189471 + 0.363101CPI(-1) - 0.252913CPI(-2) + 1.204105MT(-1) - 0.244068MT(-2) + 0.752863PPI(-1) - 0.646997PPI(-2) \tag{5.25}$$

$$PPI = -0.000629 + 0.278629CPI(-1) - 0.251805CPI(-2) + 0.013561MT(-1) - 0.013617MT(-2) + 1.552253PPI(-1) - 0.605336PPI(-2) \tag{5.26}$$

下面对该VAR模型的效果进行测评。

表 5-11　VAR（2）模型各方程的检验结果

	CPI	MT	PPI
R-squared	0.940726	0.974535	0.975014
Adj. R-squared	0.939049	0.973814	0.974306
Sum sq. resids	73.07438	752.3611	92.10658
S. E. equation	0.587103	1.883845	0.659140
F-statistic	560.7730	1352.180	1378.766
Log likelihood	-190.5610	-445.8864	-215.9068
Akaike AIC	1.804210	4.135949	2.035679
Schwarz SC	1.912537	4.244275	2.144005
Mean dependent	1.974749	5.076210	0.977854
S. D. dependent	2.378066	11.64156	4.112110

通过表 5-11 可知，自回归方程（5.24）至方程（5.26）的调整后拟合优度分别为 0.939049、0.973814、0.974306，表明方程的拟合程度均较好；F 检验统计量分别为 560.7730、1352.180、1378.766，表明自回归方程总体上是显著的。

3. *滞后影响分析*

煤炭工业在国民经济中处于重要位置，煤炭价格波动直接导致其他行业生产成本变动，从而造成经济社会整体物价水平的变动。脉冲响应函数常用来分析随机干扰项的一个标准差新息冲击对内生变量当前值和未来值的影响。本书选择脉冲响应函数精确度量 CPI 和 PPI 价格指数受到煤炭价格变化影响的动态过程。

图 5-14 显示了煤炭价格波动引起 CPI 的脉冲响应过程。横轴表示冲击作用的滞后期间，单位为“月”；纵轴表示煤炭价格波动引起的响应；实线表示脉冲响应函数，即煤炭价格波动给 CPI 带来的冲击反应；虚线表示正负两倍标准差的偏离带。

从图 5-14 可知，当在本期给煤炭价格一个标准差新息的冲击，CPI 在当期没有受到影响，第 2 期的 CPI 受到的影响达到峰值 0.035673，即煤炭价格变动 100%，将导致 CPI 在第 2 期同向变动 3.56%。之后，煤炭价格波动的影响下降，从第 5 期开始呈现负向影响，这种负向影响持续时间较

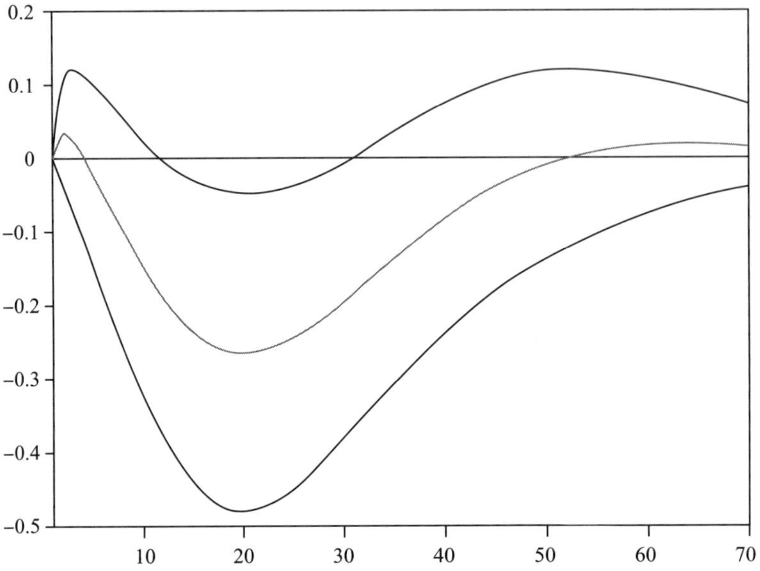

图 5-14　CPI 对煤炭价格一个标准差新息的响应情况

长，在第 20 期时达到负向影响最大值，为 26.40%。从第 20 期之后，煤炭价格波动对 CPI 的影响逐渐下降并趋于消失。总体来看，煤炭价格波动在短期内能较快地影响 CPI，即当月的煤炭价格波动将在未来的第 2 月和第 3 月导致 CPI 同向波动；但长期来看，煤炭价格对 CPI 的影响是负向的，且具有较长的持续效应。

图 5-15 显示了煤炭价格波动引起 PPI 的脉冲响应过程。从图 5-15 可知，当在本期给煤炭价格一个标准差新息的冲击，PPI 在当期就受到影响，为 0.137999，这种正向冲击将会持续影响未来的 12 期，并在第 4 期达到正向影响的峰值，为 0.327707。即当月煤炭价格波动 100%，当月的 PPI 就会同向变动 13.80%，这种影响持续增强，到第 4 个月 PPI 变动幅度达到最大为 32.77%。之后同向影响逐渐减弱，并于第 13 期转换成负向影响，负向影响于第 22 期达到最大，为−0.177705，随后，这种负向影响逐渐减

弱并趋于消失。总之，煤炭价格波动在短期内会给 PPI 带来较大的同向变动的影响，并在未来 12 个月内均会给 PPI 带来同向变动的压力。

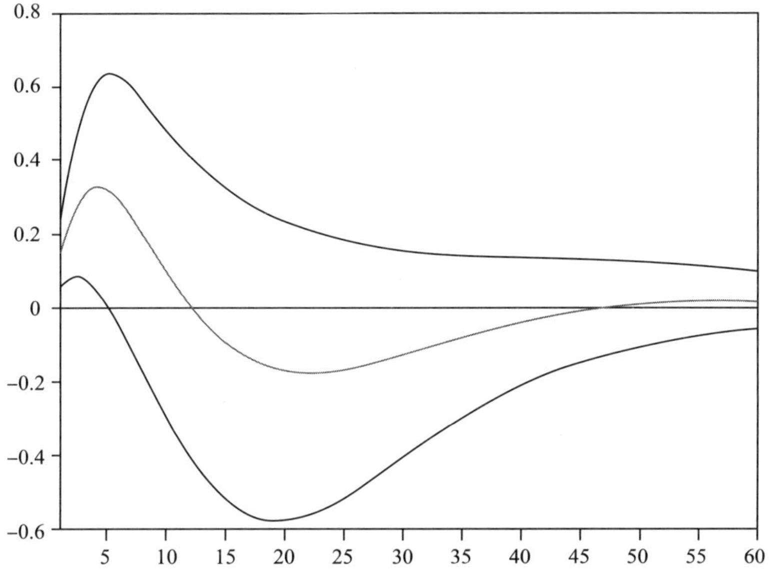

图 5-15　PPI 对煤炭价格一个标准差新息的响应情况

从上述分析来看，煤炭价格对 CPI 和 PPI 的影响存在一定的差异。煤炭价格波动对 CPI 影响时间较短，且当期未产生影响，这与 CPI 的构成有着直接关系。CPI[①] 包含食品、衣着、交通、文教、居住等 8 个大类、39 个中类、262 个基本分类，调查网点包括超市、菜市场、百货商场、医院、旅行社等约 5 万个。在经济学上，CPI 是真实反映居民收入水平以及消费水平的重要指标，包含的 8 个大类大部分属于第三产业，煤炭与第三产业的直接关联性较弱，煤炭价格对第三产业的影响远低于第二产业。因此，煤炭价格波动对 CPI 的影响相对较小。PPI（又称“工业品出厂价格指数”）用来衡量制造业商品出厂价格变化的指数，能够敏感地显示商品出

① CPI 构成等具体资料来源于国家统计局。

厂价格的变化趋势以及程度，中国的PPI指数编制涉及4000余种商品，39个工业行业大类，即PPI涉及的对象几乎全部是第二产业。煤炭行业与第二产业的关联性较高，因此煤炭价格波动对CPI产生的影响小于PPI。

煤炭行业在国民经济中占据重要地位，据2007年国家统计局公布的投入产出表，煤炭开采及洗选业的影响力系数为0.9060，感应度系数为1.6241，表明煤炭行业具有较高的推动力系数，供给推动作用较大。CPI和PPI作为衡量宏观经济物价水平的重要指标，必然受到煤炭价格波动的影响，短期内这种影响为正向影响，即煤炭价格下降将导致CPI和PPI的下降。

在VAR模型中所有变量均相互影响，即煤炭价格波动会影响CPI和PPI，同理CPI的波动也会影响煤炭价格和PPI，PPI的波动会影响MT和CPI，CPI和PPI之间也会互相影响，在此仅对煤炭价格对CPI和PPI的滞后影响进行分析。

（三）煤炭价格波动对下游产业影响时滞分析

1. 煤炭价格波动对第二产业物价指数影响的时滞分析

煤炭价格波动在第二产业中的影响程度要显著高于第一产业和第三产业。下面结合与煤炭行业相关性较强的电力工业、冶金工业、化学工业、建材工业定量分析煤炭价格变动对第二产业产生的滞后影响。考虑到数据的代表性以及可获得性，本书选择了1999年1月至2015年1月生产者物价指数中按工业部门分类的冶金工业物价指数（YJ）、电力工业物价指数（DL）、化学工业物价指数（HX）、建筑材料工业物价指数（JZ）以及按工业行业分类的煤炭开采和洗选业价格指数（MT）为研究的时间序列，所选数据均来源于国家统计局公布的当月同比数据。

煤炭价格的波动主要通过第二产业物价变动进一步影响国民经济各行业的物价水平。如图5-16所示，长期来看，煤炭价格波动趋势与YJ、DL、HX、JZ的波动趋势具有一致性，且煤炭价格波动幅度大于其他行业。煤炭价格变化对第二产业物价水平滞后影响通过VAR模型进行定量分析，在此选取 YJ、DL、HX、JZ、MT 五个变量为模型的内生变量，无其他外生变量。

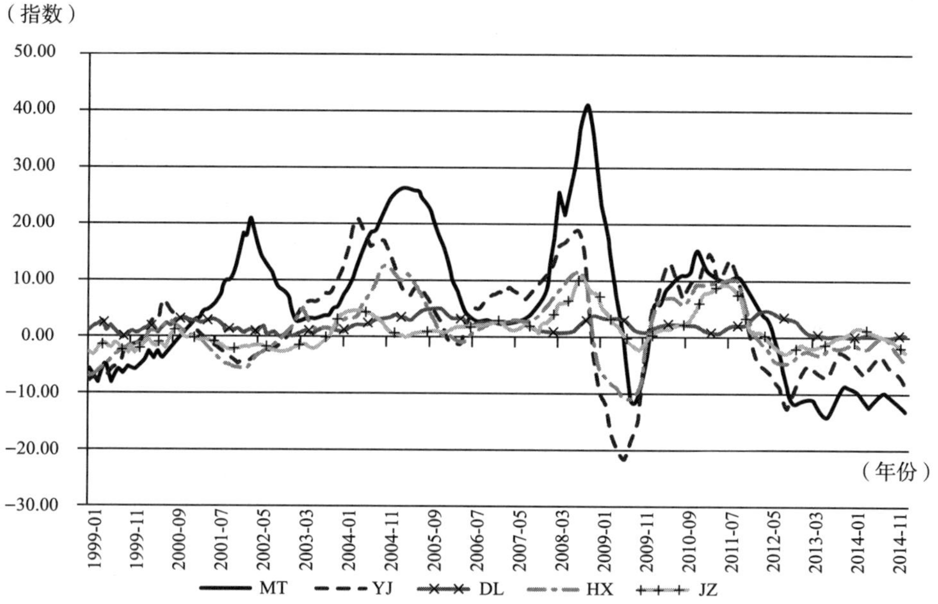

图 5-16　煤炭价格指数与第二产业代表性行业物价指数走势

（1）变量的稳定性检测。建立 VAR 模型之前首先检验各变量的平稳性，本书通过 ADF 单位根检验对 YJ、DL、HX、JZ、MT 五个变量的平稳性进行检验，其结果如表 5-12 所示。

表 5-12　变量平稳性检验结果

变量	检验类别	ADF 检验值	显著性概率	5%的临界值	结论
YJ	（c，0，14）	−3. 502809	0. 0089	−2. 876515	平稳
DL	（c，0，14）	−3. 012899	0. 0355	−2. 876435	平稳
HX	（c，0，14）	−4. 189764	0. 0009	−2. 876515	平稳
JZ	（c，0，14）	−3. 262637	0. 0180	−2. 876595	平稳
MT	（c，0，14）	−3. 042977	0. 0328	−2. 876595	平稳

注：本表数据根据 Eviews 软件分析整理而得。c 表示截距项，t 表示趋势项，n 表示滞后阶数，此处的滞后阶数为 14，根据 Schwarz Info Criterion 准则自动选择。

从表 5-12 可知，在 95%的置信度下可以认为变量 YJ、DL、HX、JZ、MT 是平稳的，能够对上述五个变量建立 VAR 模型。

（2）建立 VAR 模型。建立 VAR 模型的重要步骤是对滞后期的确定，本书进行多次试验，通过比较 AIC 值和 SC 值来确定滞后期。表 5-13 将多次实验结果列示，表明滞后期为 2 时，SC 值达到最小；滞后期为 4 时，AIC 值达到最小。SC 值和 AIC 值不能同时达到最小，利用似然比（LR）检验来确定最终的滞后阶数。

检验的零假设是模型的最大滞后期是 2，检验统计量为：

$$LR=-2(L_2-L_4)=-2[-1247.539-(-1172.146)]=150.186$$

其中，L_2 和 L_4 分别为滞后期为 2 和 4 时模型的对数似然函数值。上述零假设下，该统计量近似服从χ^2 分布，其自由度为从 VAR（4）到 VAR（2）对模型参数施加的零约束个数，在本模型中自由度为 50，由此可以得到检验的相伴概率为 5.92483E-12，表明应该拒绝零假设，即选择滞后期为 4。

表 5-13　不同滞后期对应的 AIC 值以及 SC 值

滞后期	AIC 值	SC 值
1	14.43565	14.94464
2	13.63915	14.57567
3	13.62065	14.98782
4	13.52536	15.32633
5	13.52785	15.76581

利用 VAR（4）模型对变量 YJ、DL、HX、JZ、MT 之间的关系进行实证分析，模型可以表示为：

$$\begin{pmatrix} DL_t \\ HX_t \\ JZ_t \\ MT_t \\ YJ_t \end{pmatrix} = \begin{pmatrix} c_1 \\ c_2 \\ c_3 \\ c_4 \\ c_5 \end{pmatrix} + \Phi_1 \begin{pmatrix} DL_{t-1} \\ HX_{t-1} \\ JZ_{t-1} \\ MT_{t-1} \\ YJ_{t-1} \end{pmatrix} + \Phi_2 \begin{pmatrix} DL_{t-2} \\ HX_{t-2} \\ JZ_{t-2} \\ MT_{t-2} \\ YJ_{t-2} \end{pmatrix} + \Phi_3 \begin{pmatrix} DL_{t-3} \\ HX_{t-3} \\ JZ_{t-3} \\ MT_{t-3} \\ YJ_{t-3} \end{pmatrix} + \Phi_4 \begin{pmatrix} DL_{t-4} \\ HX_{t-4} \\ JZ_{t-4} \\ MT_{t-4} \\ YJ_{t-4} \end{pmatrix} + \begin{pmatrix} \varepsilon_{1t} \\ \varepsilon_{2t} \\ \varepsilon_{3t} \\ \varepsilon_{4t} \\ \varepsilon_{5t} \end{pmatrix} \tag{5.27}$$

对系数矩阵 $\boldsymbol{\Phi}_1$、$\boldsymbol{\Phi}_2$、$\boldsymbol{\Phi}_3$、$\boldsymbol{\Phi}_4$ 的求解能够利用 Eviews 6.0 得到。从分析结论可知，VAR（4）模型中变量的 t 统计检验量值约 3/4 的滞后变量是不显著的，在此并未进行筛选，均保留到模型中。由上述参数估计值可以得到如下的 VAR（4）公式：

$$\begin{pmatrix} DL_t \\ HX_t \\ JZ_t \\ MT_t \\ YJ_t \end{pmatrix} = \begin{pmatrix} 0.179597 \\ 0.101092 \\ 0.172615 \\ 0.246832 \\ 0.263770 \end{pmatrix}$$

$$+ \begin{pmatrix} 0.683790 & 0.004614 & 0.43982 & 0.007211 & 0.050990 \\ -0.220605 & 1.501981 & -0.011257 & -0.021717 & 0.221266 \\ -0.071850 & -0.183358 & 0.164045 & 0.020679 & 0.031607 \\ 0.255335 & -0.062991 & 0.007104 & 1.123910 & 0.424251 \\ -0.539092 & 0.093749 & 0.386076 & -0.095730 & 1.546862 \end{pmatrix} \begin{pmatrix} DL_{t-1} \\ HX_{t-1} \\ JZ_{t-1} \\ MT_{t-1} \\ YJ_{t-1} \end{pmatrix}$$

$$+ \begin{pmatrix} 0.239117 & -0.109440 & -0.135439 & 0.022484 & 0.015960 \\ 0.089480 & -0.717971 & 0.016287 & 0.006257 & -0.197572 \\ -0.071850 & -0.183358 & -0.164045 & 0.020679 & 0.031607 \\ -0.634949 & 0.339852 & -0.141860 & 0.069249 & -0.305658 \\ 0.223586 & -0.097484 & -0.400304 & 0.081246 & -0.693794 \end{pmatrix} \begin{pmatrix} DL_{t-2} \\ HX_{t-2} \\ JZ_{t-2} \\ MT_{t-2} \\ YJ_{t-2} \end{pmatrix}$$

$$+ \begin{pmatrix} 0.055502 & 0.254359 & -0.030233 & -0.020490 & -0.082392 \\ -0.136950 & 0.208052 & -0.218764 & -0.002987 & 0.010420 \\ -0.108344 & -0.134306 & -0.270557 & -0.039087 & 0.005162 \\ 0.146891 & -0.691792 & -0.275098 & -0.228352 & -0.027823 \\ 0.160221 & 0.303495 & -0.200247 & -0.219021 & 0.112749 \end{pmatrix} \begin{pmatrix} DL_{t-3} \\ HX_{t-3} \\ JZ_{t-3} \\ MT_{t-3} \\ YJ_{t-3} \end{pmatrix}$$

$$+\begin{pmatrix} -0.121909 & -0.135611 & 0.134838 & -0.002895 & 0.050990 \\ 0.214466 & -0.103857 & 0.199232 & 0.016987 & 0.038363 \\ 0.118243 & 0.165342 & -0.005843 & 0.031492 & -0.022732 \\ 0.095141 & 0.350755 & 0.377036 & -0.003054 & 0.001857 \\ 0.072547 & -0.373814 & 0.143910 & 0.132723 & 0.079968 \end{pmatrix}\begin{pmatrix} DL_{t-4} \\ HX_{t-4} \\ JZ_{t-4} \\ MT_{t-4} \\ YJ_{t-4} \end{pmatrix} \tag{5.28}$$

下面对该 VAR 模型的效果进行测评。

表 5-14 VAR（2）模型各方程的检验结果

	DL	HX	JZ	MT	YJ
R-squared	0.856070	0.981669	0.952948	0.982416	0.978688
Adj. R-squared	0.838936	0.979487	0.947347	0.980323	0.976151
Sum sq. resids	48.31490	99.45097	88.00812	476.7767	319.2490
S. E. equation	0.536273	0.769396	0.723780	1.684624	1.378511
F-statistic	49.96189	449.8352	170.1258	469.3155	385.7430
Log likelihood	-139.2807	-207.5026	-195.9513	-355.6203	-317.7186
Akaikc AIC	1.696092	2.418017	2.295781	3.985400	3.584324
Schwarz SC	2.056286	2.778211	2.655975	4.345595	3.944518
Mean dependent	1.892381	1.373122	1.140370	5.787566	2.369524
S. D. dependent	1.336247	5.371928	3.154229	12.00946	8.926333

通过表 5-14 可知，自回归方程（5.28）的调整后拟合优度分别为 0.838936、0.979487、0.947347、0.980323、0.976151，表明方程的拟合程度大部分均较好；F 检验统计量分别为 49.96189、449.8352、170.1258、469.3155、385.7430，表明自回归方程总体上是显著的。

煤炭价格波动对第二产业产品价格的影响显著高于对第一产业和第三产业的影响，下面通过脉冲响应函数来分析煤炭价格的一个标准差冲击对体系内的内生变量当前值和未来值的影响。本书选择第二产业的代表性工业部门详细说明煤炭价格变化影响对第二产业的动态影响过程。

（3）煤炭价格波动对电力工业、冶金工业等工业的物价指数影响分析。

1）煤炭价格波动对电力工业影响的时滞分析。本书通过脉冲响应函数来分析煤炭价格的一个标准差冲击对电力工业物价水平当前值和未来值的动态影响过程。

图 5-17 显示了煤炭价格波动引起电力工业物价水平变化的脉冲响应过程。从图 5-17 可知，当在本期给煤炭价格一个标准差新息的冲击，电力工业物价水平在当期即受到影响，并于第 8 期达到峰值，为 0.074987，即当月煤炭价格变动 100%，将导致电力工业物价水平在第 7 个月同向变动约 7.50%，之后，煤炭价格波动的影响开始下降，并最终趋于消失。长期来看，煤炭价格对电力工业物价水平的影响是正向的。

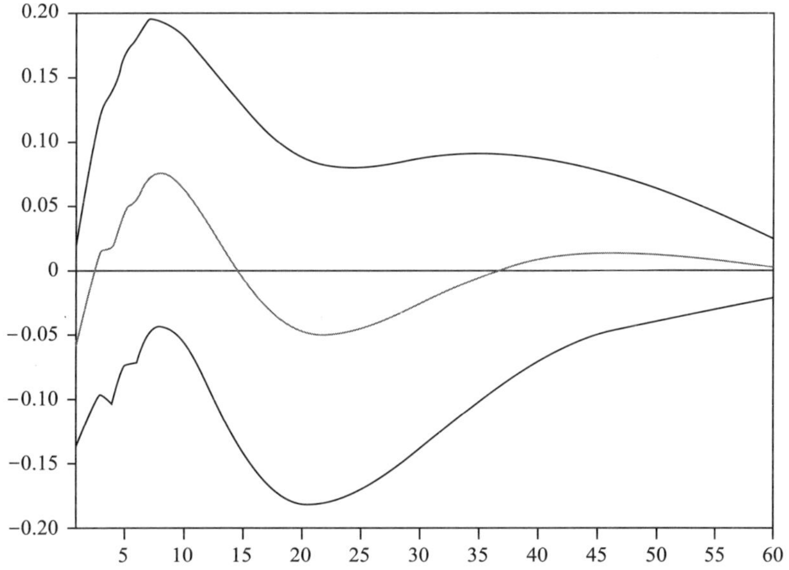

图 5-17　电力工业价格指数对煤炭价格一个标准差新息的响应情况

从经济意义上看，煤炭是电力工业直接的上游行业，在其他条件不变的情况下，煤炭价格下降导致电力工业的运营成本下降，成本的下降必然体现在最终产品价格水平的下降。电力工业部门是国民经济的重要能源工业部门，但由于其属于具有社会公用服务性质的公用事业部门，政府管制程度较高，如现行的电价按生活用电、工业用电、非工业用电、普通工业用电、大工业用电、农业用电等大类进行分别计价收费，因此上述定量分析并不能完全反映煤炭价格波动对电力工业的影响程度。

2）煤炭价格波动对冶金工业影响的时滞分析。图 5-18 显示了煤炭价格波动引起冶金工业物价水平变化的脉冲响应过程。从图 5-18 可知，当在本期给煤炭价格一个标准差新息的冲击，冶金工业物价水平在当期受到影响，并于第 2 期达到峰值，为 0.391630，即当月煤炭价格变动 100%，将导致电力工业物价水平在当期同向变动 39.16%，之后，煤炭价格波动的影响开始下降，并最终趋于消失。总体来看，煤炭价格波动在短期内能较快地影响电力工业物价水平，即当月的煤炭价格下降，冶金工业物价当期就会随之下降，并于当月达到下降的峰值，之后呈振荡态势并逐渐减弱。整体来看，煤炭价格下降短期内将会刺激冶金工业物价的下降，但长期影响呈现一定的波动性。

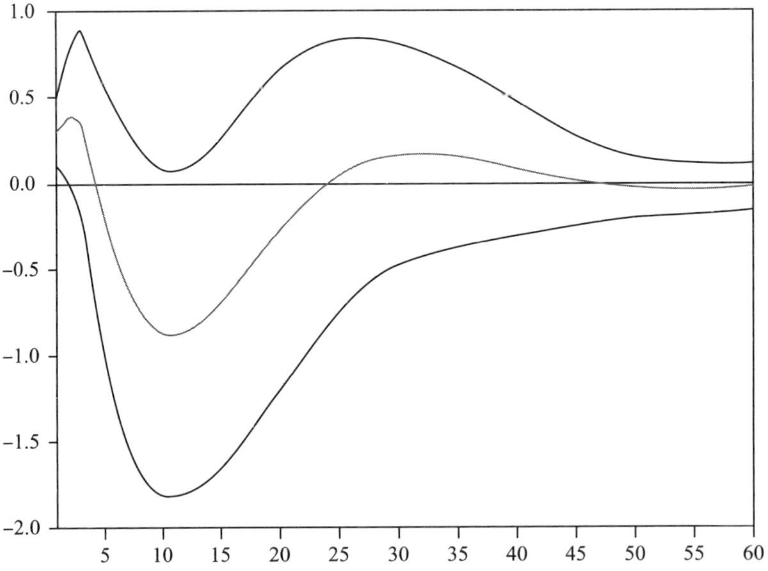

图 5-18　冶金工业价格指数对煤炭价格一个标准差新息的响应情况

冶金工业主要包括黑色冶金行业和有色冶金行业，是中国重要的基础工业部门。煤炭的主要产品焦炭在冶金工业中应用较广，煤炭价格波动会影响冶金工业部门的价格变化。在其他条件不变的情况下，煤炭价格下降将导致冶金工业生产成本大幅下降，能够在短期内引起其物价较大水平的下跌。

3）煤炭价格波动对化学工业影响的时滞分析。化学工业最初为生产纯碱、硫酸等产品的工业部门，随着技术进步，化学工业已经成为知识和技术密集型行业，目前化学工业在包括基本化学工业的基础上，同时包括塑料、合成纤维、石油、橡胶、药剂等工业。煤炭作为化学工业重要的原材料，其价格波动必然会影响化学工业物价水平的变化。

图 5-19 显示了煤炭价格波动引起化学工业物价水平变化的脉冲响应过程。从图 5-19 可知，当在本期给煤炭价格一个标准差新息的冲击，化学工业在当期即受到影响，于第 3 期这种影响达到峰值，为 0. 292000，即煤炭价格变动 100%，导致化学工业物价同向变动 29. 20%；之后这种影响呈现波动并趋于消失。长期来看，煤炭价格波动给化学工业物价带来的影响呈现波动性。

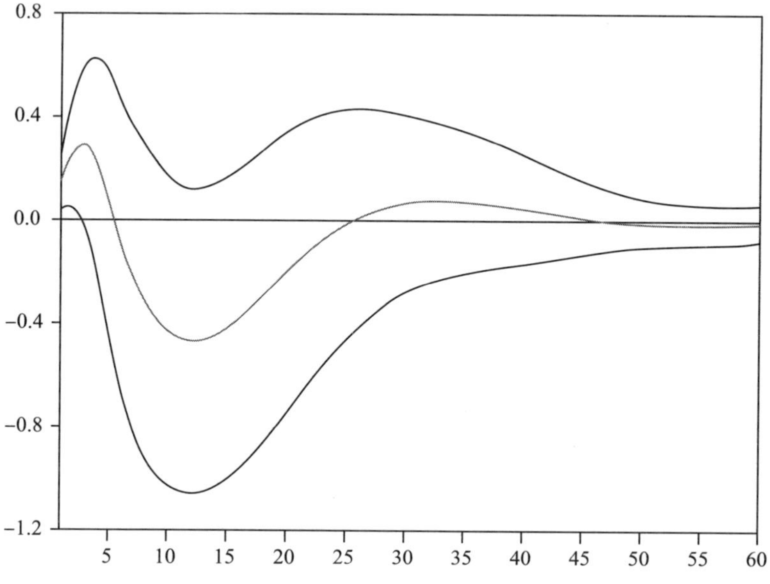

图 5-19　化学工业价格指数对煤炭价格一个标准差新息的响应情况

4）煤炭价格波动对建材工业影响的时滞分析。建筑材料工业主要是为建筑行业和其他部门提供建筑材料以及非金属矿产品及其制品的工业部门。煤炭作为建筑材料的主要辅料之一，其价格波动会给建筑材料价格带来影响。随着技术的不断进步，传统的建筑材料正逐渐被轻型和新型建筑材料代替，煤炭作为重要辅料能够在一定程度上改善其性能。煤炭价格的波动会带来建筑材料工业生产成本的变化。

图 5-20 显示了煤炭价格波动引起建筑材料工业的脉冲响应过程。从图 5-20 可知，当在本期给煤炭价格一个标准差新息的冲击，建筑材料工业在当期即受到影响，并于第 3 期达到峰值为 0. 213890，即煤炭价格变动 100%，当期会引起建筑材料工业物价同向变动 21. 39%，之后，煤炭价格波动的影响开始下降，并最终趋于消失。总体来看，煤炭价格变动短时间内会导致建筑材料工业价格水平正向变动。

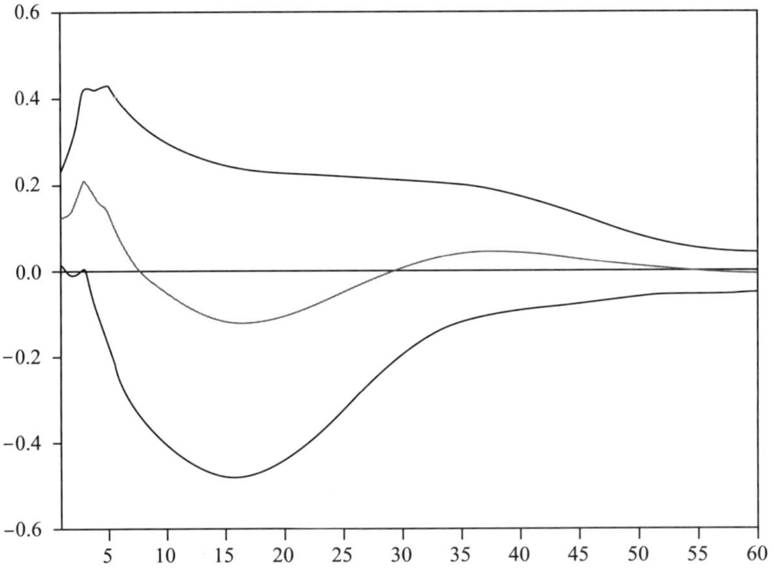

图 5-20　建筑材料工业价格指数对煤炭价格一个标准差新息的响应情况

煤炭消费领域主要集中在第二产业的工业部门，但煤炭价格波动的影响也会对第一产业和第三产业的部门产生影响，因此有必要对煤炭价格波动给其他产业物价水平带来的影响以及时滞性进行分析。第一产业以农业为主，第三产业中服务业较为典型，下面本书以农业和服务业为对象，对煤炭价格波动的影响及时滞性展开进一步研究。

2. 煤炭价格波动对第一产业物价指数影响的时滞分析

考虑到研究对象以及数据的可获取性，本书选择了 1996 年 10 月至 2015 年 1 月的生产者物价指数中按工业行业分类的煤炭开采和洗选业价格指数（MT）作为煤炭价格的替代指标；选择同期农业生产资料价格分类指数中的农业生产资料价格总指数（NY）作为农业价格的替代指标，所有数据均来自国家统计局公布的当月同比价格指数。

从图 5-21 可以看到，MT 和 NY 走势存在一定的相关性，长期看来，煤炭价格的变化领先于农业生产资料价格，煤炭价格指数呈现一定的信号引导作用。从 2012 年至今，煤炭价格指数持续下降，目前仍处在低位，农业生产资料价格同样处于下降趋势，但下降幅度明显小于煤炭价格指数。

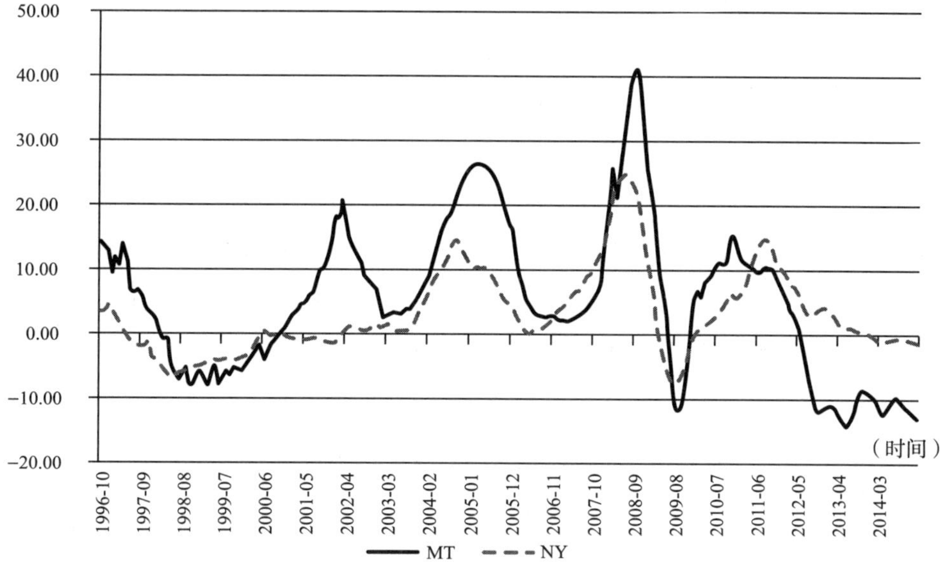

图 5-21　煤炭价格与农业生产资料价格走势

（1）数据平稳性检验。时间序列变量的稳定性直接关系到建立模型的有效性，在此首先对变量 MT 和 NY 进行 ADF 单位根检验以判断其稳定性，检验结果如表 5-15 所示。

表 5-15　变量平稳性检验结果

变量	检验类别	ADF 检验值	显著性概率	5%的临界值	结论
MT	(0，0，14)	-2.793180	0.0053	-1.942296	平稳
NY	(0，0，14)	-3.677107	0.0003	-1.942303	平稳

注：本表数据根据 Eviews 软件分析整理而得。c 表示截距项，t 表示趋势项，n 表示滞后阶数，此处的滞后阶数为 14，根据 Schwarz Info Criterion 准则自动选择。

表 5-15 说明农产品价格 NY 和煤炭价格 MT 均为平稳变量，两个变量在 95%的置信度下可以认为是平稳变量，能够建立 VAR 模型。

（2）建立 VAR 模型。首先确定滞后期，滞后期的确定仍采用多次试验，寻找使 AIC 值和 SC 值同时达到最小时的滞后阶数为最优的滞后阶数。表 5-16 将多次实验结果表明，滞后期为 2 时，SC 值取最小值 6.665036；滞后期为 4 时，AIC 值取最小值 6.423378，二者无法同时达到最小，利用似然比（LR）检验来确定最终的滞后阶数。

检验的零假设模型的最大滞后期是 2，检验统计量为：

$$LR = -2(L_2 - L_4) = -2[-699.5665 - (-675.7428)] = 47.6474$$

其中 L_2 和 L_4 分别为滞后期是 2 和 4 时模型的对数似然函数值。上述零假设下，该统计量近似服从 χ^2 分布，其自由度为从 VAR（4）到 VAR（2）对模型参数施加的零约束个数，在本模型中自由度为 8，由此可以得到检验的相伴概率为 1.15375E-7，表明应该拒绝零假设，即选择滞后期为 4。

表 5-16　不同滞后期对应的 AIC 值以及 SC 值

滞后期	AIC 值	SC 值
1	7.199199	7.292050
2	6.509784	6.665036

续表

滞后期	AIC 值	SC 值
3	6.449910	6.667968
4	6.423378	6.704651
5	6.442844	6.787747

利用 VAR（4）模型对变量 NY、MT 之间的关系进行实证分析，模型可以表示为：

$$\begin{pmatrix} MT_t \\ NY_t \end{pmatrix} = \begin{pmatrix} c_1 \\ c_2 \end{pmatrix} + \boldsymbol{\Phi}_1 \begin{pmatrix} MT_{t-1} \\ NY_{t-1} \end{pmatrix} + \boldsymbol{\Phi}_2 \begin{pmatrix} MT_{t-2} \\ NY_{t-2} \end{pmatrix} + \boldsymbol{\Phi}_3 \begin{pmatrix} MT_{t-3} \\ NY_{t-3} \end{pmatrix} + \boldsymbol{\Phi}_4 \begin{pmatrix} MT_{t-4} \\ NY_{t-4} \end{pmatrix} + \begin{pmatrix} \varepsilon_{1t} \\ \varepsilon_{2t} \end{pmatrix} \tag{5.29}$$

从建立的 VAR（4）模型实证分析可知，约一半的滞后变量的 t 统计检验量不显著，但未作挑选，滞后变量均保留到模型中。由上述模型可以得到如下的 VAR（4）式子：

$$\begin{aligned} \begin{pmatrix} MT_t \\ NY_t \end{pmatrix} = & \begin{pmatrix} 0.008355 \\ 0.100969 \end{pmatrix} + \begin{pmatrix} 1.133873 & 0.333629 \\ 0.002331 & 1.539011 \end{pmatrix} \begin{pmatrix} MT_{t-1} \\ NY_{t-1} \end{pmatrix} \\ & + \begin{pmatrix} -0.013656 & 0.037893 \\ -0.010178 & -0.497366 \end{pmatrix} \begin{pmatrix} MT_{t-2} \\ NY_{t-2} \end{pmatrix} \\ & + \begin{pmatrix} -0.238667 & -0.057145 \\ -0.026102 & 0.135969 \end{pmatrix} \begin{pmatrix} MT_{t-3} \\ NY_{t-3} \end{pmatrix} \\ & + \begin{pmatrix} 0.088248 & -0.285136 \\ 0.030689 & -0.205883 \end{pmatrix} \begin{pmatrix} MT_{t-4} \\ NY_{t-4} \end{pmatrix} \end{aligned} \tag{5.30}$$

下面对该 VAR 模型的效果进行测评。

通过表 5-17 可知，自回归方程的调整后拟合优度分别为 0.986431、0.974740，表明方程的拟合程度较好；F 检验统计量分别为 1954.766、1038.078，表明自回归方程总体上是显著的。

表 5-17　VAR（4）模型各方程的检验结果

	MT	NY
R-squared	0.986936	0.975680
Adj. R-squared	0.986431	0.974740
Sum sq. resids	126.8379	708.5168
S. E. equation	0.782779	1.850077
F-statistic	1954.766	1038.078
Log likelihood	-248.9949	-434.7834
Akaike AIC	2.388842	4.109106
Schwarz SC	2.529478	4.249742
Mean dependent	3.129491	5.103889
S. D. dependent	6.719981	11.64064

（3）滞后影响分析。煤炭价格波动通过工业产品价格的波动传导到农业产品价格，因此农业产品价格波动属于间接性价格波动。本书通过脉冲响应函数分析煤炭价格波动对农业产品价格影响的动态过程。

图 5-22 显示了煤炭价格波动引起农业产品价格水平变化的脉冲响应过程。横轴表示冲击作用的滞后期间，单位为“月”；纵轴表示煤炭价格波动引起的响应；实线表示脉冲响应函数；虚线表示正负两倍标准差的偏离带。图 5-22 显示，当本期给煤炭价格一个标准差新息的冲击，农业产品价格水平在当期就受到影响，并于第 5 期达到最大值 0.397102，即第 1 期煤炭价格变动 100%，农业产品价格同向变动 39.71%；之后煤炭价格波动带来的影响迅速下降，并逐步消失。

总体来看，煤炭价格波动在当期能较快地影响农业产品价格，且这种影响是正向的，影响持续时间为 1 年左右。

3. 煤炭价格波动对第三产业物价指数影响的时滞分析

煤炭价格波动并不能直接影响第三产业物价水平，而是经过复杂传导机制，对第三产业物价水平产生影响，中间存在一定的时滞，下面对这一时滞进行定量分析。

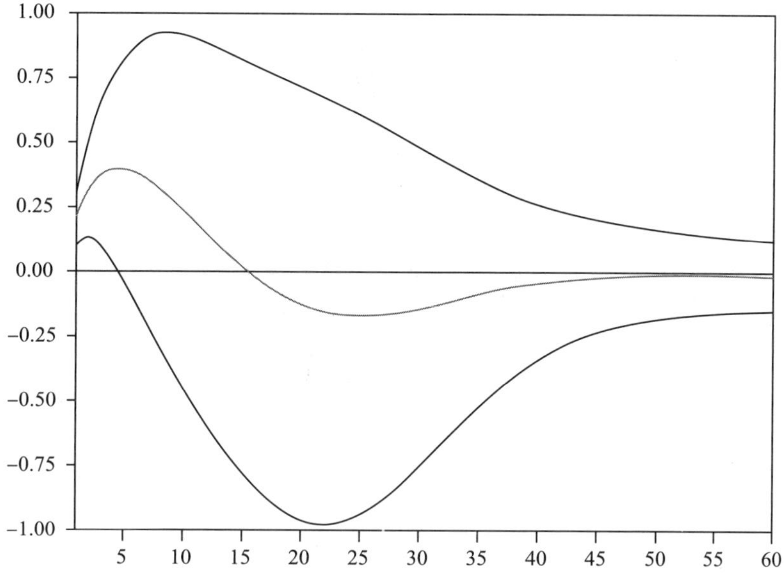

图 5-22　农业产品价格指数对煤炭价格一个标准差新息的响应情况

考虑到研究对象以及数据的可获取性，本书选择了 2002 年 1 月至 2013 年 6 月的生产者物价指数中按工业行业分类的煤炭开采和洗选业价格指数（MT）作为煤炭价格水平的替代指标；选择同期消费者物价指数中的服务业价格总指数（FW）作为研究对象，所有数据均来自国家统计局公布的当月同比价格指数。从图 5-23 可以看到，煤炭价格指数和服务业物价水平走势存在一定的相关性，但煤炭价格变动程度比服务业价格指数剧烈。服务业与煤炭行业的相关性较弱，因此服务业价格指数变化相对较为平缓。

（1）数据平稳性检验。时间序列变量的稳定性直接关系到建立模型的有效性，在此首先对变量 MT 和 FW 进行 ADF 单位根检验以判断其稳定性，检验结果如表 5-18 所示。

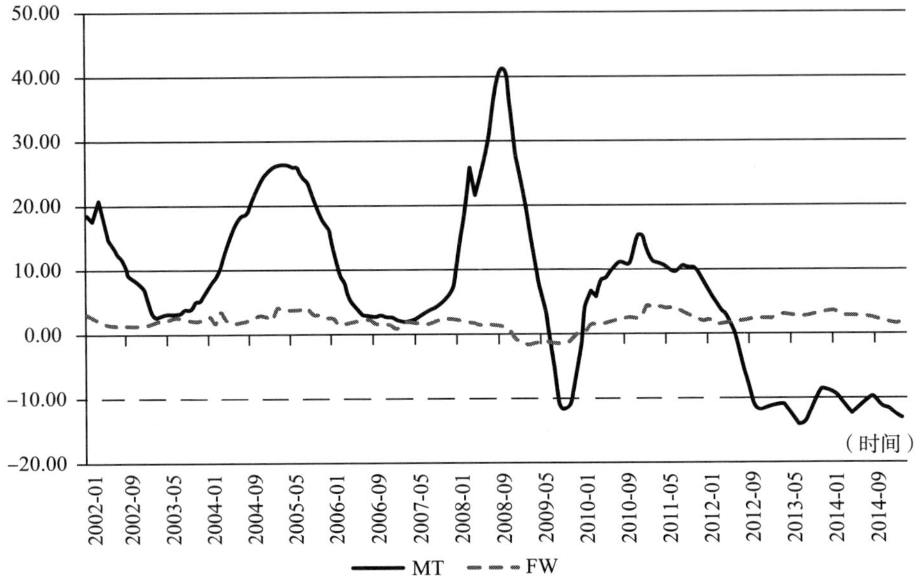

图 5-23 煤炭价格与服务业价格走势

表 5-18 变量平稳性检验结果

变量	检验类别	ADF 检验值	显著性概率	1%的临界值	结论
MT	(c, 0, 13)	-1.941905	0.3125	-3.472534	非平稳
	(c, t, 13)	-1.956548	0.6199	-4.017965	非平稳
	(0, 0, 13)	-0.189560	0.6165	-2.579870	非平稳
FW	(c, 0, 13)	-2.929863	0.0442	-3.472813	非平稳
	(c, t, 13)	-3.518765	0.0409	-4.018349	非平稳
	(0, 0, 13)	-0.735879	0.3963	-2.579870	非平稳
ΔMT	(c, 0, 13)	-17.12665	0.0000	-3.472534	平稳
ΔFW	(c, 0, 13)	-6.386609	0.0000	-3.472534	平稳

注：本表数据根据 Eviews 软件分析整理而得。c 表示截距项，t 表示趋势项，n 表示滞后阶数，此处的滞后阶数为 13，根据 Schwarz Info Criterion 准则自动选择。

表 5-18 说明服务业价格指数 FW 和煤炭价格 MT 均为非平稳变量，一阶差分后，两个变量在 99%的置信度下为平稳变量，能够对差分处理后的

变量建立 VAR 模型。

（2）建立 VAR 模型。首先确定滞后期，滞后期的确定仍采用多次试验，寻找使 AIC 值和 SC 值同时达到最小时的滞后阶数为最优的滞后阶数。表 5-19 将多次实验结果进行列示，滞后期为 2 时，SC 值取最小值 5.663147；滞后期为 3 时，AIC 值取最小值 5.425770。二者不能同时达到最小，利用似然比（LR）检验来确定最终的滞后阶数。

表 5-19　不同滞后期对应的 AIC 值以及 SC 值

滞后期	AIC 值	SC 值
1	5.561558	5.678860
2	5.466797	5.663147
3	5.425770	5.701857
4	5.442952	5.799474

检验的零假设模型的最大滞后期是 2，检验统计量为：

$$LR = -2(L_2 - L_3) = -2[-413.6767 - (-403.7843)] = 19.7848$$

其中 L_2 和 L_3 分别为滞后期是 2 和 3 时模型的对数似然函数值。上述零假设下，该统计量近似服从 χ^2 分布，其自由度为从 VAR（3）到 VAR（2）对模型参数施加的零约束个数，在本模型中自由度为 4，由此可以得到检验的相伴概率为 0.00055，表明应该拒绝零假设，即选择滞后期为 3。

利用 VAR（3）模型对变量 FW、MT 之间的关系进行实证分析，模型可以表示为：

$$\begin{pmatrix} dFW_t \\ dWT_t \end{pmatrix} = \begin{pmatrix} c_1 \\ c_2 \end{pmatrix} + \boldsymbol{\Phi}_1 \begin{pmatrix} dFW_{t-1} \\ dMT_{t-1} \end{pmatrix} + \boldsymbol{\Phi}_2 \begin{pmatrix} dFW_{t-2} \\ dMT_{t-2} \end{pmatrix} + \boldsymbol{\Phi}_3 \begin{pmatrix} dFW_{t-3} \\ dMT_{t-3} \end{pmatrix} + \begin{pmatrix} \varepsilon_{1t} \\ \varepsilon_{2t} \end{pmatrix} \tag{5.31}$$

对系数矩阵 $\boldsymbol{\Phi}_1$、$\boldsymbol{\Phi}_2$、$\boldsymbol{\Phi}_3$ 的求解结论如表 5-20 所示。

表 5-20　VAR（3）模型参数估计值

	dFW	dMT		dFW	dMT
	0.545888	0.053999		0.698114	0.172967
dFW（-1）	(0.08003)	(0.02049)	DMT（-2）	(0.33116)	(0.08478)
	[6.82069]	[2.63552]		[2.10808]	[2.04024]
	0.185227	-0.017778		-0.295263	0.116693
dFW（-2）	(0.08466)	(0.02167)	DMT（-3）	(0.32386)	(0.08291)
	[2.18785]	[-0.82027]		[-0.91169]	[1.40746]
	-0.123581	-0.021322		-0.061484	0.007707
dFW（-3）	(0.07720)	(0.01976)	C	(0.14738)	(0.03773)
	[-1.60076]	[-1.07886]		[-0.41717]	[0.20426]
	0.333132	-0.335919			
dMT（-1）	(0.32057)	(0.08207)			
	[1.03918]	[-4.09322]			

从表 5-20 中 t 统计检验量值可知，约一半的滞后变量显著，但未作挑选，滞后变量均保留到模型中。由上述参数估计值可以得到如下的 VAR（3）式子：

$$\begin{pmatrix} dFW_t \\ dMT_t \end{pmatrix} = \begin{pmatrix} -0.061484 \\ 0.007707 \end{pmatrix} + \begin{pmatrix} 0.545888 & 0.333132 \\ 0.053999 & -0.017778 \end{pmatrix} \begin{pmatrix} dFW_{t-1} \\ dMT_{t-1} \end{pmatrix}$$

$$+ \begin{pmatrix} 0.185227 & 0.698114 \\ -0.017778 & 0.172967 \end{pmatrix} \begin{pmatrix} dFW_{t-2} \\ dMT_{t-2} \end{pmatrix} + \begin{pmatrix} -0.123581 & -0.295263 \\ -0.021322 & 0.116693 \end{pmatrix} \begin{pmatrix} dFW_{t-3} \\ dMT_{t-3} \end{pmatrix} \quad (5.32)$$

下面对该 VAR 模型的效果进行测评。

表 5-21　VAR（3）模型各方程的检验结果

	DFW	DMT
R-squared	0.436603	0.192294
Adj. R-squared	0.413607	0.159326
Sum sq. resids	486.4718	31.88208
S. E. equation	1.819157	0.465709
F-statistic	18.98621	5.832816

续表

	DFW	DMT
Log likelihood	-307.0840	-97.24858
Akaike AIC	4.079012	1.353878
Schwarz SC	4.217056	1.491921
Mean dependent	-0.197403	0.003247
S. D. dependent	2.375614	0.507927

通过表 5-21 可知，自回归方程的调整后拟合优度分别为 0.413607、0.159326，表明方程的拟合程度较差。

（3）滞后影响分析。煤炭价格波动通过第二产业产品价格的波动传导到第三产业产品价格，因此煤炭价格波动与第三产业物价水平关联性较小。本书通过脉冲响应函数详细分析煤炭价格波动对服务业价格水平影响的动态过程。

图 5-24 显示了煤炭价格波动引起服务业价格水平变化的脉冲响应过程。从图 5-24 可知，当在本期给煤炭价格一个标准差新息的冲击，服务业价格水平在当期未受到影响，第 2 期受到影响，并于第 3 期达到影响的最大值，为 0.356422，即煤炭价格变动 100%，服务业价格水平将在第 3 期同向变动 35.64%；之后煤炭价格波动产生的影响迅速下降，并呈现波动状态，第 6 期之后煤炭价格波动产生的影响基本上消失。

总体来看，煤炭价格波动能较快地影响服务业价格水平，但是这一影响持续时间较短，到第 6 期其影响基本上趋于消失。

五、本章小结

我国一次能源消耗的 70%以上为煤炭，厘清煤炭价格的运行和传导机制，是构建能源价格体系的重要组成部分。本章以煤炭价格波动的传导效

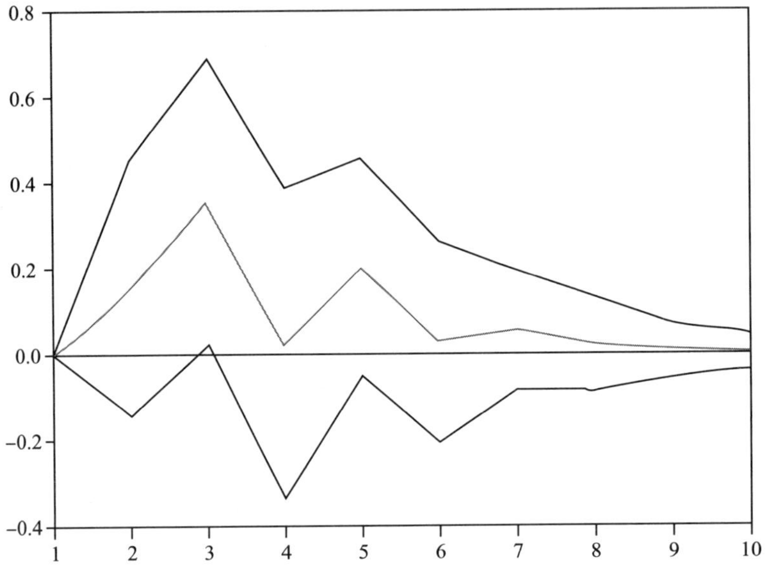

图 5-24　服务业价格指数对煤炭价格一个标准差新息的响应情况

应为主要研究对象，在对价格传导基本理论研究的基础上，从电力工业、冶金工业、化学工业、建材工业以及其他工业产业链的角度，分别详细研究煤炭价格传导机制以及传导效应的即时影响和滞后性，定性分析与定量分析相结合，全面阐述煤炭价格传导效应。煤炭价格即时影响研究方面，结合煤炭价格走势研究实证分析的结果，应用投入产出分析方法分析表明，煤炭价格波动 100%，第一产业产品价格平均会波动约 0.056%；第二产业物价水平平均波动约 4.715%；第三产业物价水平平均波动约 0.170%。煤炭价格影响时滞分析方面，应用向量自回归模型（VAR），从宏观经济和三个产业角度对煤炭价格波动产生的滞后影响进行定量分析，实证分析结果表明，煤炭价格波动对宏观经济物价水平影响时间约为 2 年；对电力工业、冶金工业、化学工业、建材工业的物价水平影响时间大部分为 18 个月；对农业物价水平影响时间约为 12 个月；对服务业的物价水平影响时间约为 6 个月。

第六章
基于煤炭价格波动的政策建议

自 2011 年底以来，煤炭价格呈持续下降态势，2012 年煤炭价格下降幅度逐步扩大。以秦皇岛港口山西产动力煤（Q5500）价格走势为例（如图 6-1 所示），发热量为 5500 大卡动力煤综合平均价格在 2011 年 9 月 16 日为 856 元/吨，2013 年 9 月 22 日为 530 元/吨，下滑 326 元/吨，跌幅为 38.08%。近年来煤炭价格持续下跌，给中国经济带来较大影响，特别是对煤炭经济依赖性较大的省份，如山西、内蒙古、陕西等省区。目前全国大部分煤炭行业处于亏损状态，主要煤炭产区煤炭行业亏损程度尤为严重。山西省煤炭行业亏损面为 47.5%，亏损额为 149.8 亿元，2013 年前三个季度焦炭工业亏损面为 74.6%，亏损额为 67.3 亿元；内蒙古约 2/3 煤矿停产。

从经营主体角度，煤炭价格的有效预测能够促使经济主体形成理性的价格预期，从而调整经营规模和经营策略，最大限度降低煤炭价格波动带来的损失；从政府等监管机构角度，充分了解煤炭价格未来走势有助于制定合理的行业发展规划，改善行业经营环境，促进煤炭行业转型升级健康发展。

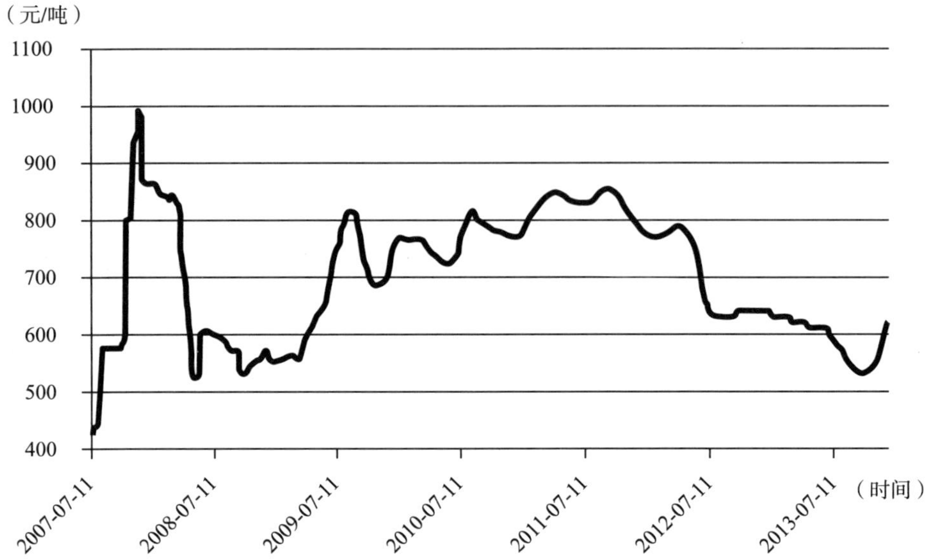

图 6-1 秦皇岛港山西产动力煤价格走势

资料来源：钢之家网站。

一、合理规划煤炭行业投资规模

受近年来煤炭行业固定资产投资规模较大的影响，目前中国煤炭行业存在严重的产能过剩。以煤炭开采和洗选业为例，尽管近年来在建的固定资产投资额度呈下降趋势，但整体的投资规模仍处于较高水平。从图 6-2 可知，煤炭行业固定资产投资具有明显的季节性，整体呈现指数级上升态势，从 2004 年建设总规模为 701.99 亿元，2014 年攀升至 4682.06 亿元，增幅达 566.97%；煤炭行业投资规模从 2003 年开始一路攀升，于 2012 年达到顶峰 5285.82 亿元，之后开始下降。2014 年较 2012 年的投资规模下降了 11.42%，但仍处于较高水平。

煤炭行业固定资产投资规模直接影响煤炭行业的产能。受 2008 年全球经济危机影响，国内外经济发展放缓，对煤炭消费需求回落，国内煤炭行业产能过剩情况严重，导致煤炭行业整体发展不景气，大部分煤炭经营企业处于亏损状态。

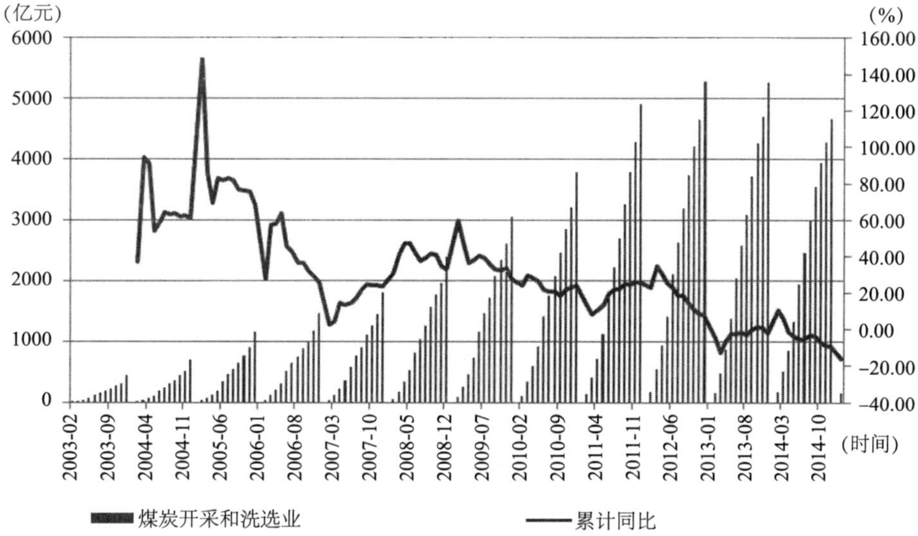

图 6-2　煤炭开采和洗选业固定资产投资完成额及同比增速

资料来源：国家统计局。

在煤炭价格理性预期的基础上，合理规划煤炭行业投资规模具有重要的经济意义，也是促进煤炭行业健康发展的重要步骤。

中国的大部分投资主体在经营实践中对短期收益更为敏感，但理性投资需要在短期收益和长期收益博弈中而形成。范里安（2009）在企业收益分析中认为，“长期内，企业可以选择停止投入不再生产，即退出经营，因此在长期内，企业的最低收益为零；短期内，企业即使决定不生产任何产量，也必须要支付某些生产要素，因此短期内完全有可能获得负利润”。

据2013年2月国家能源局公布的《煤炭产业政策》（修订稿），煤炭行业准入门槛进一步提高，规定了煤炭企业最低规模标准。规模标准的提升加大了煤炭企业的准入门槛，由于煤炭企业的规模以及产能主要由其生产设备等固定资产的价值决定，因此如果企业要进入煤炭行业其固定资产投资将会进一步加大。煤炭行业销售利润率较高，以煤炭开采和洗选业为例，2010~2012年，销售利润率年度平均值分别为13.96%、13.47%、11.06%，高于普通制造业的盈利水平。由于煤炭行业利润水平较高，吸引了较多的投资者，以煤炭开采和洗选业中烟煤和无烟煤开采洗选业为例，2012年10月全国的企业数量为7501家，2013年10月增加为7671家，增加了170家，亏损企业的比例由19.46%提升到24.55%[①]。这里沿用范里安（2009）的短期利润模型，企业的利润可以用式（6.1）表示：

$$pf(x_1, \bar{x}_2) - \omega_1 x_1 - \omega_2 \bar{x}_2 \tag{6.1}$$

其中，$f(x_1, \bar{x}_2)$ 为生产函数，p 为产出的价格，x_1 为可变要素，ω_1 为可变要素的价格，$\bar{x}_2$ 为不变要素，ω_2 为不变要素的价格。从式（6.1）可知，在煤炭价格 p 不断下滑的情况下，决定煤炭企业生产规模的固定资产投入 $\omega_2\bar{x}_2$ 并不能发生任何改变，当 p 下降到一定水平之下，不管可变要素投入 $\omega_1 x_1$ 如何调整，均不能扭转煤炭企业盈利为负的局面。因此，在目前煤炭行业不景气的背景下，煤炭企业固定资产投入是其亏损的重要原因。

煤炭行业投资门槛较高，企业退出的沉淀成本较高，因此政府机构或者行业协会可以凭借其特殊性出台相应的指导性政策。在煤炭价格预测分析的指导下，对煤炭行业未来发展趋势做出整体的分析，有助于投资主体理性预期的形成，从而对是否进入煤炭行业以及进入煤炭行业的投资规模做出合理规划，减少基于短期利益形成的盲目投资以及由此带来的经济损失。

---

① 本段的数据来源为Wind资讯。

二、有效提升煤炭行业技术投资水平

目前中国煤炭行业景气度较差，煤炭价格低迷，企业经营利润大幅下降，主要原因除了上述的产能过剩、国内煤炭需求不足方面，还有国内人力成本上升、进口煤炭冲击等因素。

近年来，中国人力成本逐年增加，2010 年城镇单位采矿业就业人员年工资总额为 1388.37 亿元，2012 年为 2041.51 亿元，增加了 47.04%。以煤炭行业为支柱产业的山西省为例，其省会太原市的在岗职工年平均工资，2010 年为 3.88 万元，2013 年为 4.89 万元，上涨 26.03%。人力成本的快速增加使各行业均面临着生产成本上升的困境。

增强煤炭企业的技术投资水平，能够促进行业技术升级，提高生产效率，降低生产成本，优化企业生产格局，提升管理效率，从根本上提升煤炭企业的核心竞争力，从而提升了煤炭价格的市场竞争力，同时这也是煤炭经营企业有效应对煤炭市场变化的重要举措。

目前国内煤炭企业的研发投入强度不足，2008 年之前，煤炭行业平均技术投入比率值均低于 1%，2008 年之后高于 1%，但仍处在较低水平，2012 年该指标增加值 1.5%。以市场竞争力较强的煤炭企业 100 强为例，同样存在技术研发水平较低的问题。按一般的国际标准，企业的研发费用率达到 2%才可以生存，达到 5%才有竞争力，中国煤炭企业的快速发展没有相应的技术研发规模与之匹配，与国际同类企业的技术研发投入水平差距较大。受煤炭价格下跌的影响，中国煤炭企业的盈利能力大幅下降，增加技术投资规模是促进企业提高生产效率的重要举措。如大型煤矿在煤炭开采过程中，大型机械化综合开采设备的使用将有效地提升开采效率；小型煤矿或地质条件特殊的煤矿能够根据其实际条件开发适宜的开采设备，以增强煤矿的工作面回采率和采区回采率。先进生产设备的使用能够保障煤矿企业采煤系统、掘进系统、机电系统、运输系统、通风系统、排水系统等提升其工作效率；同时能够降低单位产能的能源消耗、增加煤炭生产的安全系数、提升煤矿企业的生产效率，从而降低煤炭生产的单位成本，有效提升企业的盈利能力。

煤炭市场价格下跌，给以煤炭为主营产品的煤矿企业带来巨大冲击。经济发展的高能耗导致环境污染严重，未来经济格局的变化将会进一步增加清洁能源的使用，煤炭的市场需求或将进一步萎缩。在此经济背景下，煤矿企业扩展经营思路，适当调整生产格局，实现产品的多样化生产，促进煤炭深加工产品的开发和利用，能够有效分散其经营风险，促进企业的健康持续发展。

煤炭深加工依赖先进的技术手段，通过对煤炭进行加工转化，可以生产出化学原料、清洁能源等技术附加值高的产品，提升了煤炭利用效率。煤炭企业通过生产格局的逐步调整，减小煤炭生产规模，增加深加工产品的生产规模，既符合了中国经济绿色发展的要求，也增强了煤炭企业防范经营风险的能力，降低了煤炭价格波动导致的负面影响。

提升煤炭行业技术投资水平能够在有限条件下降低煤炭企业的运营成本，从而提高煤炭企业产品价格的市场竞争力，具有积极的社会意义和经济意义。

三、积极调整资源型经济发展格局

以煤炭工业为支柱产业的区域，当煤炭价格波动较大时，其经济发展格局就会随之发生变化。如山西、内蒙古、陕西等省区，在煤炭价格处于上升期时，整个区域经济高速发展，煤炭产业规模不断扩大；当煤炭价格处于下降期时，区域内经济发展整体不景气，煤炭产业产能过剩，直接影响其税收和发展的持续性。

过度依赖煤炭行业而发展的区域经济必然面对更多的风险，经济发展更显脆弱，因此，经济发展格局需不断完善和优化，增强经济发展对煤炭价格波动以及其他风险的抵御能力。

（一）促进经济发展格局多元化发展

资源型区域的经济发展格局一般较为单一，以煤为主的经济发展格局存在较大的弊端，以山西省为例，山西省税收对煤炭行业依存度较高，近年来一直在55%以上。煤焦铁行业是山西省经济发展的支柱产业，煤炭价格下跌，对煤炭—焦炭—钢铁产业链条均产生严重的负面影响，山西省的税收水平快速下降，进而影响到整体经济建设程度，包括就业以及环境污染治理等社会问题，不利于经济的可持续发展。多元化发展能够增加区域经济抵御风险的能力，通过农业、制造业、服务业的均衡发展，特别是第三产业的发展，使经济发展格局逐步得到改善。政府出台行业扶持政策，有助于弱势行业的快速发展。煤炭价格波动带来的负面影响将通过优化的经济发展格局得以缓解。

（二）优化各产业内部结构

以能源经济为主导产业的经济区域，第二产业所占比重较高，第一产业和第三产业的占比相对较低。调整二次产业的内部结构，推进循环经济的发展，提升资源利用效率，能够从根本上促进二次产业的健康发展。第一、第三产业的内部结构优化需要政府进行政策性引导，如加大对第一、第三产业的固定资产投资规模、对鼓励发展行业出台优惠的扶持政策等。第一、第三产业的发展有助于资源优化配置，促进区域经济的健康发展。

四、逐步完善煤炭行业物流体系

煤炭价格的重要组成部分是物流成本，中国煤炭生产和消费区域的格局决定了煤炭物流成本在煤炭行业健康发展中的重要作用。中国幅员辽阔，受客观条件限制，煤炭物流运输距离较长，中转环节多且复杂，导致煤炭物流成本处于高位，约占煤炭价格的40%以上。煤炭物流成本主要有运输成本、管理成本、仓储成本、利息成本等①。据重点企业物流统计调查数据显示，2011 年煤炭行业物流成本费用率为 17. 3%，其中运输成本占 54. 8%，管理成本占 18. 1%，仓储成本占 4. 8%，利息成本占 9. 8%②。另外，由于煤炭物流复杂程度高，煤炭物流人力成本及安全投入会随之增加，管理成本有逐步增加的压力。中国煤炭行业库存水平较高，据国家统计局数据显示，2013 年第三季度煤炭开采和洗选业库存金额平均为 886. 24 亿元，同比增长 11. 48%，高库存成为中国煤炭企业普遍存在的问题，推高了国内煤炭市场价格。

煤炭企业利用独立的物流体系，能够有效协调市场供需，降低煤炭行业存货水平，从而降低高库存持有成本，增强煤炭价格市场竞争力。建立高效的现代煤炭物流体系，首先需要配套相应的基础设施，增加煤炭铁路专运线、增加新的港口，有效利用铁路、公路、水上运输，提升运输过程的整体效率，降低运输成本；其次完善物流管理体制，不断增强第三方物流的透明度、发挥其规模优势，应用现代网络技术，提升物流信息化程度，增强运营效率，降低管理成本、仓储成本等。完善煤炭行业物流体系，是有效降低煤炭行业经营成本，增强中国煤炭价格竞争力的重要措施。

五、本章小结

本章在煤炭价格分析基础上提出了相应的政策建议。主要包括四方面

① 利息成本属于存货持有成本的一部分。

② 数据来源于中国物流与采购网。

的主要内容：①针对目前煤炭行业投资规模较大出现的非理性状况，提出从煤炭价格未来走势理性判断的基础上去调整行业投资规模的建议；②针对煤炭行业技术投资水平不足、企业核心竞争力较弱的现状，提出了煤炭行业技术升级以提升煤炭价格竞争力的建议；③针对资源型省份过分依赖煤炭经济导致其经济发展的脆弱性，提出资源型省份经济发展格局结构性调整的建议；④针对煤炭物流成本较高，促使煤炭价格走高的状况，提出完善煤炭行业物流体系的建议。

结　论

煤炭作为中国一次能源消费的主要组成部分，其价格波动对国民经济运转产生较大影响。国内鲜有对煤炭价格波动的系统研究，片段式研究具有难以克服的不完整性，而从系统论角度研究煤炭价格波动有助于深入了解煤炭价格影响机制。本书按重要性原则分析了影响煤炭价格的主要因素，在此基础上对煤炭价格波动的特征、未来走势以及传导效应进行研究，所做研究主要总结为以下方面：

(1) 煤炭价格波动特征的周期性研究方面。选择1980~2013年煤炭及炼焦工业生产者价格指数年度数据为样本数据，对长期价格波动性进行研究。经过HP滤波分析，将煤炭价格波动的长期趋势和周期性趋势分离，认为煤炭行业在1980年以来经历了两大周期，分别是1986~1999年和1999年至今，两个周期的跨度大致都为14年。

煤炭价格波动的结构性断点分析方面，选用国家统计局公布的1980~2013年煤炭及炼焦工业的工业品出厂价格指数为样本数据，应用ADF检验煤炭价格时间序列，认为序列在95%置信水平下是平稳的，即长期煤炭价格波动中不存在结构性断点，中国煤炭市场的有效性得到了证明。

煤炭价格波动的收敛性分析方面，选择2008年12月至2013年10月陕西、安徽、山东三个区域的煤炭市场价格作为研究对象，对中国不同区域煤炭市场价格进行收敛性研究，建立了三个变量的VAR模型，在此基础上进行 Johansen 检验，认为三个区域的煤炭市场价格之间存在一个协整关系，不同煤炭市场之间的价格差异较稳定，即不同区域煤炭价格波动是收敛的，中国煤炭市场的集成度较好。

（2）煤炭价格未来走势预测研究方面。根据煤炭价格波动的不同特点以及不同的实际需求，选择不同预测研究模型。

煤炭价格短期预测研究方面，应用卡尔曼滤波理论建立煤炭价格的卡尔曼滤波模型进行预测研究，在编程和参数设置中充分考虑煤炭价格波动的特征。由于卡尔曼滤波对数据没有严苛要求，且能够充分考虑研究对象特性，因此应用在煤炭价格短期预测方面取得了较高的预测精度，且稳定性较好，可操作性强，在实践中具有一定推广价值。

煤炭价格中长期走势预测研究方面，应用灰度理论建立预测模型。灰度模型对数据的要求不高，在小样本的规律性研究方面具有明显优势。中长期煤炭价格一般是季度价格或年度价格，均为平均价格，且受中国有效数据时间长度的制约，中长期煤炭价格只能获得小样本数据，因此灰度模型的可操作性以及适应性较好。研究结果表明，在煤炭价格中长期预测方面建立的灰度模型能够通过发展系数范围检测、残差检验、后验差检验和关联度检验模型，性能较好，具有较高的应用价值。

上述研究成果对煤炭价格波动未来走势进行预测分析，能够作为能源价格预测体系的组成部分，特别是预测方法在实践中具有一定的推广性。

（3）煤炭价格波动的传导效应分析方面。在煤炭价格传导理论的基础上，从电力工业、冶金工业、化学工业、建材工业等产业链的角度对煤炭价格传导机制分别予以研究。分析认为煤炭价格波动在不同行业中的传导机制各异，但彼此之间并非独立，而是一个有机整体，相互制约和影响。

在煤炭价格波动传导效应的即时影响方面，应用投入产出价格模型对煤炭价格在三个产业的影响进行定量分析。以国家统计局三个产业划分标准和2007 年度的 135 部门投入产出表为基础，计算三个产业的列昂惕夫逆矩阵。结合煤炭未来走势预测分析的实证结果，认为如果煤炭价格波动 100%，第一产业产品价格水平平均会波动约 0.056%；第二产业物价水平平均波动约

4.715%；第三产业物价水平平均波动约0.170%。煤炭价格波动在不同产业的即时影响存在差异，本书从产业关系的角度对这种差异进行了阐述。

在煤炭价格波动传导效应的时滞性研究方面，认为煤炭价格波动的传导存在时滞，通过建立VAR模型，应用脉冲响应函数进行时滞分析。①煤炭价格波动对宏观价格水平影响时滞分析。研究结果表明，煤炭价格当期受到一个标准差新息冲击，假设变动100%，则CPI会在第2期受到影响并达到峰值，具体为3.57%，而PPI在当期便会受到影响，并在未来第4期达到峰值，即煤炭价格变动100%，PPI在当期会变动13.80%，未来的第4期达到32.77%，长期来看，煤炭价格波动对CPI产生长期的负向影响，对PPI则产生正向影响。②煤炭价格波动对电力工业、冶金工业、化学工业、建材工业以及其他产业重点下游产业物价水平影响时滞分析。研究结果表明，当期煤炭价格变动100%，电力工业物价水平在当期即受到影响，并于第8期达到最大值，具体为7.50%，之后煤炭价格波动带来的影响迅速下降并趋于消失；当期煤炭价格变动100%，冶金工业物价水平在当期就受到影响，并于第2期达到最大值，具体为39.16%，之后煤炭价格波动带来的影响迅速下降；当期煤炭价格变动100%，化学工业物价水平在当期就受到较大影响，并于第3期达到最大值，具体为29.20%，之后这种影响呈波动性并逐步消失；当期煤炭价格变动100%，建材工业物价水平在当期即受到影响，并于第3期达到最大值，具体为21.39%，之后这种影响逐步减小并消失。③煤炭价格波动对农业和服务业物价水平的影响时滞分析。研究结果表明，当期煤炭价格变动100%，农产品物价水平在当期就受到影响，并于第5期达到最大值，具体为39.71%，之后煤炭价格波动带来的影响迅速下降；当期煤炭价格变动100%，服务业物价水平在当期未受到影响，第2期开始影响程度增大，并于第3期达到最大值，具体为35.64%，之后影响程度迅速下降，第6期后基本消失。

本书的成果对能源价格预测理论体系以及风险规避系统的建立具有一定补充作用，关于煤炭价格未来走势以及传导效应的研究在行业政策制定以及行业发展决策中有一定的理论和实践意义。

参考文献

［1］陈锡康．投入产出技术［M］．北京：科学出版社，2011，72-90.

［2］陈增祥．基于数据挖掘的煤炭价格预测［J］．煤炭技术，2012（11）：281-282.

［3］成金华，李世祥．结构变动、技术进步以及价格对能源效率的影响［J］．中国人口资源与环境，2010（4）：35-42.

［4］程雪婷，齐中英．国际石油价格波动中的奇异吸引子分析［J］．管理工程学报，2005（2）：75-79.

［5］戴平生．煤炭价格变动对电力市场定价的影响［J］．价格理论与实践，2004（2）：26-27.

［6］邓聚龙．灰色系统基本方法（第一版）［M］．湖北：华中工学院出版社，1987.

［7］邓美玲，李小明，胡荣兴．国际石油价格之残差自回归模型短期预测［J］．统计与决策，2008（22）：146-147.

［8］丁志华．煤炭价格波动对我国实体经济的影响效应研究［D］．中国矿业大学博士学位论文，2011.

［9］丁志华，周梅华，何凌云．煤炭价格波动对物价的传导效应研究［J］．统计与决策，2013（6）：87-89.

［10］董继学，张虹．煤炭市场价格的灰色预测［J］．哈尔滨师范大学自然科学学报，2005（2）：20-21.

［11］杜慧滨等．国际石油价格分析与预测［J］．价格理论与实践，2004（4）：

48-49.

[12] 段治平，郭志琼．煤炭价格传导机制分析［J］．价格月刊，2010（2）：14-16.

[13] 范剑青，姚琦伟，陈敏．非线性时间序列：建模、预报及应用［M］．北京：高等教育出版社，2005.

[14] 范里安等．微观经济学：现代观点［M］．上海：上海人民出版社，2009.

[15] 冯春山，吴家春，蒋馥．石油价格的 ARFIMA 模型预测研究［J］．上海理工大学学报，2005（6）：539-542.

[16] 冯春山，吴家春，蒋馥．石油价格的组合预测研究［J］．石油大学学报（社会科学版），2004（1）：12-14.

[17] 付昱华．用分形方法进行国际原油价格的分析与预测［J］．中国海上油气（工程），2000（4）：42-45.

[18] 高文静，赵国浩．我国煤炭相关产业价格影响机制研究——基于投入产出模型的实证分析［J］．中国市场，2010（45）：161-163.

[19] 葛根，王洪礼，许佳．小波分频技术和混沌时间序列在国际石油价格预测中的应用［J］．系统工程理论与实践，2009（7）：64-68.

[20] 郭白滢，雷强．我国煤炭市场价格走势及其波动特征研究［J］．价格理论与实践，2014（10）：74-76.

[21] 韩超，车永才，王继波．改进的 BP 神经网络煤炭需求预测模型［J］．辽宁工程技术大学学报（自然科学版），2005（24）：290-292.

[22] 韩冬炎，陈蕊，崔立瑶．对石油价格走势预测的数理研究——基于分形方法的应用［J］．价格理论与实践，2004（5）：51-52.

[23] 韩敏．混沌时间序列预测理论与方法［M］．北京：中国水利水电出版社，2007.

[24] 杭雷鸣，屠梅曾．能源价格对能源强度的影响——以国内制造业为例［J］．数量经济技术经济研究，2006（93）：101.

[25] 郝家龙，宁云才．基于 Box-Jenkins 法的煤炭价格预测研究［J］．中国物价，2007（1）：10-11.

[26] 何琬，卢小舒．煤炭价格与石油价格的波动溢出效应分析［J］．工业技术经济，2011（11）：66-70.

［27］何琬，卢小舒．石油与煤炭价格的相互影响分析［J］．能源技术与管理，2011（5）：16-17+27.

［28］何晓群，魏涛远．世界石油价格上涨对我国经济的影响［J］．经济理论与经济管理，2002（4）：11-15.

［29］姜智敏．建立中国煤炭价格形成机制的基本思路［J］．中国煤炭，2009（10）：9-11.

［30］郎茂祥．预测理论与方法［M］．北京：清华大学出版社，2011.

［31］李畅，杨再斌．国际石油价格波动特点及影响因素的实证分析［J］．资源科学，2007（1）：178-183.

［32］李明，吕绪华．煤炭价格预测模型及其应用［J］．武汉科技大学学报：自然科学版，2007（4）：434-437.

［33］李薇．石油价格波动影响宏观经济运行的传导机制研究［J］．世界经济情况，2008（2）：60-63.

［34］李增光等．GMDH 参数模型的改进及在煤炭价格研究中的应用［J］．系统工程，2012（6）：105-110.

［35］梁强，范英，魏一鸣．基于小波分析的石油价格长期趋势预测方法及其实证研究［J］．中国管理科学，2005（1）：30-36.

［36］林伯强，王锋．能源价格上涨对中国一般价格水平的影响［J］．经济研究，2009（12）：66-79.

［37］林伯强．危机下的能源需求和能源价格走势以及对宏观经济的影响［J］．金融研究，2010（1）：46-57.

［38］林永生，李小忠．石油价格、经济增长与可持续发展［J］．北京师范大学学报（社会科学版），2010（1）：132-139.

［39］林永生．能源价格对经济主体的影响及其传导机制——理论和中国的经验［J］．北京师范大学学报（社会科学版），2008（1）：127-133.

［40］刘立霞，马军海．基于 LS-SVM 的石油期货价格预测研究［J］．计算机工程与应用，2008（32）：230-231.

［41］刘强．石油价格变化对中国经济影响的模型研究［J］．数量经济技术经济研究，2005（3）：16-27.

［42］刘硕等．基于最优加权法的煤炭市场价格组合预测模型［J］．华东电力，

2009（4）：537-541.

［43］刘思峰，郭天榜．灰色系统理论及其应用［M］．郑州：河南大学出版社 1991.

［44］卢荣．煤炭行业资源整合及其对煤炭价格的影响［J］．价格理论与实践，2009（7）：23-24.

［45］罗世兴．我国动力煤价格波动及其对经济增长的冲击效应研究［D］．中国地质大学博士学位论文，2013.

［46］苗敬毅，赵国浩．基于 LSMC 模型的煤炭资源价值定价研究［C］．第十三届中国管理科学学术年会论文集，2011.

［47］宁云才，张东日，李祥仪．国际煤炭市场价格预测的复合小波神经网络模型研究及应用［J］．煤炭经济研究，2001（6）：17-19.

［48］秦丽娟，邓峰．基于贝叶斯框架的最小二乘支持向量机煤价预测［J］．煤炭经济研究，2009（11）：51-53.

［49］秦鹏，缪柏其．基于广义指数预报因子的石油价格预测模型［J］．系统工程理论与实践，2010（8）：1389-1395.

［50］舒通．基丁变系数回归模型的石油价格预测［J］．数理统计与管理，2008（5）：815-820.

［51］孙大利，来君．基于神经网络的石油价格预测［J］．石油化工高等学校学报，2006（2）：89-92.

［52］孙继湖，彭建萍．时间序列分析技术在煤炭价格预测中的应用［J］．地质技术经济管理，2000（3）：33-40.

［53］孙稳存．能源冲击对中国宏观经济的影响［J］．经济理论与经济管理，2007（2）：4.

［54］汪小寒等．基于核覆盖算法的煤价预测［J］．计算机技术与发展，2006（12）：81-82+85.

［55］王锋，张舒玮．基于状态空间模型的中国煤炭价格长期趋势预测［J］．统计与信息论坛，2011（8）：67-72.

［56］王立杰，刘志东．经济时间序列分析技术在煤炭价格预测中的应用［J］．煤炭学报，2001（1）：109-112.

［57］王世进．国内外能源价格波动溢出效应研究［J］．Resources Science，2013

(4): 690-696.

[58] 王喜莲. 陕西省煤炭价格的模拟与预测研究 [J]. 管理学报, 2008, 5 (5): 682-684.

[59] 王喜莲等. 煤炭价格预测模型及实证 [J]. 统计与决策, 2008 (17): 118-119.

[60] 魏巍贤, 林伯强. 国内外石油价格波动性及其互动关系 [J]. 经济研究, 2007, 12: 130-141.

[61] 魏毅等. 灰色理论在煤炭产品价格预测中的应用 [J]. 中国煤炭, 2006 (6): 19-21.

[62] 吴虹, 尹华. ARIMA 与 SVM 组合模型的石油价格预测 [J]. 计算机仿真, 2010 (5): 264-266.

[63] 吴翔, 刘金全, 隋建利. 国际原油价格波动对中国物价影响的传导机制分析 [J]. 资源科学, 2009 (12): 2110-2119.

[64] 向蓉美. 投入产出法 [M]. 成都: 西南财经大学出版社, 2007.

[65] 肖龙阶, 仲伟俊. 基于 ARIMA 模型的我国石油价格预测分析 [J]. 南京航空航天大学学报 (社会科学版), 2009 (1): 41-46.

[66] 杨柳, 李力. 能源价格变动对经济增长与通货膨胀的影响——基于我国 1996~2005 年间的数据分析 [J]. 中南财经政法大学学报, 2006 (4): 51-55.

[67] 杨彤, 聂锐, 刘玥. 基于价格传导复杂网络模型的煤电价格传导效应模拟分析 [J]. 中国矿业, 2009 (9): 31-35.

[68] 杨洋, 王非, 李国平. 能源价格、产业结构、技术进步与我国能源强度的实证检验 [J]. 统计与决策, 2008 (11): 103-105.

[69] 原鹏飞, 吴吉林. 能源价格上涨情景下能源消费与经济波动的综合特征 [J]. 统计研究, 2011 (9): 57-65.

[70] 张华明, 赵国浩. 煤炭价格形成机制存在的问题及对策分析 [J]. 资源科学, 2010 (11): 2210-2215.

[71] 张欢, 成金华. 中国能源价格变动与居民消费水平的动态效应 [J]. 资源科学, 2011 (5): 806-813.

[72] 张欢, 蒋佐斌. 中国煤炭价格的 ARIMA 模型的建立及其预测分析 [J]. 工业技术经济, 2007 (7): 102-105.

［73］张小军，石明明．基于误差修正机制的能源价格联动性研究——以国内煤炭与国际原油为例［J］．中国物价，2009（11）：30-33.

［74］张跃军，范英，魏一鸣．基于 GED—GARCH 模型的中国原油价格波动特征研究［J］．数理统计与管理，2007（3）：398-406.

［75］张志杰，罗世兴．基于 VAR 与脉冲响应的国内外能源价格波动关系研究［J］．中国矿业，2013（9）：34-37+62.

［76］赵国浩．中国煤炭价格监测预警研究［J］．现代工业经济和信息化，2011（8）：15-17.

［77］朱美峰，赵国浩．山西省能源依赖型经济转型发展研究［J］．科技管理研究，2013（22）：237-241.

［78］朱美峰，赵国浩．张华明. 煤炭价格传导机制实证分析［J］．生态经济，2016，32（8）：121-124.

［79］朱美峰，张华明．基于灰度理论的煤炭价格中长期预测研究［J］．价格月刊，2016.（6）：1-6.

［80］朱美峰，赵国浩．基于 VAR 的煤炭价格波动效应时滞分析［J］．统计与决策，2015.（4）：142-146.

［81］朱美峰，赵国浩．基于卡尔曼滤波算法的焦炭价格预测（英文）［J］．Journal of Resources and Ecology，2015，6（1）：60-64.

［82］朱美峰，赵国浩. 卡尔曼滤波算法在焦炭产量预测中的应用［J]. 未来与发展，2013，36（5）：110-113.

［83］Abeysinghe，T.. Estimation of Direct and Indirect Impact of Oil Price on Growth［J］. Economics Ietters，2001（2）：147-153.

［84］Aguirre，L. A.，G. G. Rodrigues，and E. Mendes. Nonlinear Identification and Cluster Analysis of Chaotic Attractors from a Real Implementation of Chua' s Circuit［J］. International Journal of Bifurcation and Chaos，1997（7）：1411-1424.

［85］Alquist，R. and L. Kilian. What Do We Iearn from the Price of Crude Oil Futures? Journal of Applied Econometrics，2010（4）：539-573.

［86］Amjady，N. and F. Keynia. Day Ahead Price Forecasting of Electricity Markets by a Mixed Data Model and Hybrid Forecast Method［J］. International Journal of Electrical Power & Energy Systems，2008（9）：533-546.

[87] Amjady, N.. Day-ahead price forecasting of electricity markets by a new fuzzy neural network [J] . Power Systems, 2006 (2): 887-896.

[88] Ardeni, P. G. and B. Wright. The Prebisch-Singer hypothesis: a reappraisal independent of stationarity hypotheses [J] . The Economic Journal, 1992 (413): 803-812.

[89] Asche, F., P. Osmundsen, and M. Sandsmark. The UK market for natural gas, oil and electricity: are the prices decoupled? [J] . The Energy Journal, 2006 (2): 27-40.

[90] Bachmeier, L. J. and J. M. Griffin. New evidence on asymmetric gasoline price responses [J] . Review of Economics and Statistics, 2003 (3): 772-776.

[91] Bachmeier, L. J. and J. M. Griffin. Testing for market integration: crude oil, coal, and natural gas [J] . The Energy Journal, 2010 (2): 55-72.

[92] Banerjee, A., R. L. Lumsdaine, and J. H. Stock. Recursive and sequential tests of the unit-root and trend-break hypotheses: theory and international evidence [J] . Journal of Business & Economic Statistics, 1992 (3): 271-287.

[93] Bate, J. and C. Granger. The combination of forecastings [J] . Operational Research Quarterly, 1969, 20: 451-468.

[94] Bates, J. M. and C. W. Granger. The combination of forecasts [J] . Operational Research Quarterly, 1969, 20 (4): 451-468.

[95] Bollerslev, T.. Generalized autoregressive conditional heteroskedasticity [J] . Journal of econometrics, 1986, 31 (3): 307-327.

[96] Borenstein, S., A. C. Cameron and R. Gilbert. Do gasoline prices respond asymmetrically to crude oil price changes? [J] . The Quarterly Journal of Economics, 1997 (1): 305-339.

[97] Bosworth, B. and R. Z. Lawrence. Commodity prices and the new inflation [R] . Brookings Institution , 1982.

[98] Box, G. E. and G. Jenkins, M.. Time Series Analysis: Forecasting and Control (4th Ed.) [M] . San Francisco: Wiley, 1970.

[99] Brown, S. and M. K. Yücel. Deliverability and regional pricing in US natural gas markets [J] . Energy Economics, 2008 (5): 2441-2453.

[100] Burbidge, J. and A. Harrison. Testing for the effects of oil-price rises using vector autoregressions [J] . International Economic Review, 1984 (2): 459-484.

［101］ C. A. Sims, Macroeconomics and Reality. Econometrica, 1980.

［102］ Cameron, J.. International coal trade: the evolution of a global market ［Z］. OECD, 1997.

［103］ Chow, G. C.. Tests of equality between sets of coefficients in two linear regressions ［J］. Econometrica: Journal of the Econometric Society, 1960 (28): 591-605.

［104］ Chu, K. -Y. and T. K. Morrison. The 1981-1982 recession and non-oil primary commodity prices ［J］. IMF Staff Papers, 1984 (1): 93-140.

［105］ Clem. A., Commodity price volatility: trends during 1975 - 1984 ［R］. 108 Monthly Lab. Rev. 17, 1985.

［106］ Conejo, A. J., et al., Day-ahead electricity price forecasting using the wavelet transform and ARIMA models ［J］. Power Systems, 2005 (2): 1035-1042.

［107］ Contreras, J.. et al.. ARIMA models to predict next-day electricity prices. Power Systems ［J］. IEEE Transactions on, 2003 (3): 1014-1020.

［108］ Coppola, A.. Forecasting oil price movements: Exploiting the information in the futures market ［J］. Journal of Futures Markets, 2008 (1): 34-56.

［109］ Cuñado, J. and F. Pérez de Gracia. Do oil price shocks matter? Evidence for some European countries ［J］. Energy Economics, 2003 (2): 137-154.

［110］ David Cabedo, J. and I. Moya. Estimating oil price ' Value at Risk ' using the historical simulation approach ［J］. Energy Economics, 2003 (3): 239-253.

［111］ Duncan, R. C., The Outlook for primary commodities, 1984 to 1995. 1984: World Bank.

［112］ Ellerman, A. D.. The world price of coal ［J］. Energy Policy, 1995 (6): 499-506.

［113］ Engle, R. F.. Autoregressive Conditional Heteroscedasticity with Estimates of the Variance of United Kingdom Inflation ［J］. Econometrica: Journal of the Econometric Society, 1982: 987-1007.

［114］ Enoch, C. and M. Panic, Commodity Prices in the 1970s ［Z］. England : Bank of England Quarterly Bulletin, 1981, 42-53.

［115］ Ewing, B. T. and C. L. Harter, Co-movements of Alaska North Slope and UK Brent crude oil prices ［J］. Applied Economics Letters, 2000 (8): 553-558.

[116] F., T.. On the numerical determination of the dimension of an attractor, Dynamical System and Turbulence [J] . Lecture Notes in Mathematics, 1981 (898): 230-241.

[117] Fleming, J. and B. Ostdiek. The impact of energy derivatives on the crude oil market [J] . Energy Economics, 1999 (2): 135-167.

[118] Gori, F.. D. Ludovisi and P. Cerritelli. Forecast of oil price and consumption in the short term under three scenarios: Parabolic, linear and chaotic behaviour [J] . Energy, 2007 (7): 1291-1296.

[119] Grassberger, P. and I. Procaccia. Estimation of the Kolmogorov entropy from a chaotic signal [J] . Physical review A, 1983 (4): 2591-2593.

[120] Gupta, S. and P. C. Wilton. Combination of forecasts: An extension [J] . Management Science, 1987 (3): 356-372.

[121] Hamilton, J. D.. Oil and the Macroeconomy. The New Palgrave Dictionary of Economics [Z] . London: Palgrave Macmillan , 2005, 201-228.

[122] Humphreys, B. and K. McClain. Reducing the impacts of energy price volatility through dynamic portfolio selection [J], . Energy Journal - Cambridge ma Then Cleveland oh-,1998 (19): 107-132.

[123] Humphreys, D. and K. Welham. The restructuring of the international coal industry [J] . International Journal of Global Energy Issues, 2000 (4): 333-47.

[124] Kilian, L.. A comparison of the effects of exogenous oil supply shocks on output and inflation in the G7 countries [J] . Journal of the European Economic Association, 2008, (1): 78-121.

[125] Kilian, L.. The economic effects of energy price shocks [J] . Journal of Economic Literature, 2008 (46): 871-909.

[126] King, M. and M. Cuc. Price convergence in North American natural gas spot markets [J] . The Energy Journal, 1996 (2): 17-42.

[127] Labys, W.. J. Lesourd. and D. Badillo, Commodity Price Cycles: Fact or Fiction, Working Paper, Agriculture and Resource Economics [Z] . West Virginia: West Virginia University, 1995.

[128] Labys, W. C. and A. Maizels. Commodity price fluctuations and macroeconomic adjustments in the developed economies [J] . Journal of Policy Modeling, 1993 (3): 335-352.

[129] Lee, K., S. Ni. and R. A. Ratti. Oil shocks and the macroeconomy: the role of price variability [J] . The Energy Journal, 1995 (4): 39-56.

[130] Li, R., R. Joyeux, and R. D. Ripple. International steam coal market integration [J] . Energy Journal, 2010 (3): 181-202.

[131] Li, T. -Y. and J. A. Yorke. Period three implies chaos [J] . The American Mathematical Monthly, 1975 (10): 985-992.

[132] Lowe, D. and D. Broomhead. Multivariable functional interpolation and adaptive networks [J] . Complex systems, 1988 (2): 321-355.

[133] Lucas Jr. , R. E. Econometric policy evaluation: A critique [DB/OL] . http: // people. bu. edu/rking/REmodels/lucascr. pdf, 2013. 12.

[134] Lumsdaine, R. L. and D. H. Papell. Multiple trend breaks and the unit-root hypothesis [J] . Review of Economics and Statistics, 1997 (2): 212-218.

[135] Mohammadi, H. and L. Su. International evidence on crude oil price dynamics: Applications of ARIMA-GARCH models [J] . Energy Economics, 2010 (5): 1001-1008.

[136] Moody, J. and C. J. Darken. Fast learning in networks of locally - tuned processing units [J] . Neural computation, 1989 (2): 281 294.

[137] Morana, C.. A semiparametric approach to short-term oil price forecasting [J] . Energy Economics, 2001 (3): 325-338.

[138] Moshiri, S.. Testing for deterministic chaos in futures crude oil price: Does neural network lead to better forecast [J] . Economics, Working Paper, 2004, 5.

[139] Narayan, P. K. and S. Narayan. Modelling oil price volatility [J] . Energy Policy, 2007 (12): 6549-6553.

[140] Park, J. and R. A. Ratti. Oil price shocks and stock markets in the US and 13 European countries. [J] . Energy Economics, 2008 (5): 2587-2608.

[141] Perron, P.. Dealing with structural breaks [J] . Palgrave handbook of econometrics, 2006 (1): 278-352.

[142] Perron, P.. The great crash, the oil price shock, and the unit root hypothesis [J] . Econometrica: Journal of the Econometric Society, 1989 (57): 1361-1401.

[143] Perron, P., Trend. unit root and structural change in macroeconomic time series [M] . New York: St. Martin' s Press, 1994.

[144] Peter Ferderer, J.. Oil price volatility and the macroeconomy [J] . Journal of Macroeconomics, 1997 (1): 1-26.

[145] Phillips, P. C. and P. Perron. Testing for a unit root in time series regression [J] . Biometrika, 1988 (2): 335-346.

[146] Pindyck, R. S.. The long-run evolution of energy prices [Z] . Massachusetts: MIT Center for Energy and Environmental Policy Research, 1999 (1): 2-34.

[147] Plourde, A. and G. C. Watkins. Crude oil prices between 1985 and 1994: how volatile in relation to other commodities? [J] . Resource and Energy Economics, 1998 (3): 245-262.

[148] Radchenko, S.. Oil price volatility and the asymmetric response of gasoline prices to oil price increases and decreases [J] . Energy Economics, 2005 (5): 708-730.

[149] Regnier, E.. Oil and energy price volatility [J] . Energy Economics, 2007 (3): 405-427.

[150] Rodriguez, C. P. and G. J. Anders. Energy price forecasting in the Ontario competitive power system market [J] . Power Systems, 2004 (1): 366-374.

[151] Roehner, B. M., Theory of Markets: Trade and Space-time Patterns of Price Fluctuations: a Study in Analytical Economics [M] . 1995, Springer-Verlag.

[152] Sadorsky, P.. Modeling and forecasting petroleum futures volatility [J] . Energy Economics, 2006, 28 (4): 467-488.

[153] Salant, S. W.. Exhaustible resources and industrial structure: A Nash-Cournot approach to the world oil market [J] . The Journal of Political Economy, 1976 (84): 1079-1094.

[154] Sánchez, I.. Adaptive combination of forecasts with application to wind energy [J] . International Journal of Forecasting, 2008 (4): 679-693.

[155] Sanchez, I.. Short-term prediction of wind energy production [J] . International Journal of Forecasting, 2006 (1): 43-56.

[156] Shafie - Khah, M., M. P. Moghaddam and M. Sheikh - El - Eslami. Price forecasting of day-ahead electricity markets using a hybrid forecast method [J] . Energy Conversion and Management, 2011. (5): 2165-2169.

[157] Shilnikov, L. P., et al.. Methods of qualitative theory in nonlinear dynamics

[DB/OL] . http: //saddle. gsu. edu/lp/lp_ papers/part2_ russian. pdf, 2014, 1.

[158] Stock, J. H. and M. W. Watson. A simple estimator of cointegrating vectors in higher order integrated systems. Econometrica [J] . Journal of the Econometric Society, 1993 (61): 783-820.

[159] Szkuta, B., L. Sanabria and T. Dillon. Electricity price short-term forecasting using artificial neural networks. Power Systems [J] . IEEE Transactions on, 1999 (3): 851-857.

[160] Tahvonen, O. and S. Salo. Economic growth and transitions between renewable and nonrenewable energy resources [J] . European Economic Review, 2001 (8): 1379-1398.

[161] Torries, T. F.. Evaluating mineral projects: applications and misconceptions [M] . 1998: SME.

[162] Van Soest, D., G. H. Kuper, and J. P. A. M. Jacobs. Threshold Effects of Energy Price Changes [J] . Ssrn Electronic Journal, 2000.

[163] Verleger, P. K.. Adjusting to volatile energy prices [R] . Washington D. C. : Peterson Institute , 1994.

[164] Wu, L. and M. Shahidehpour. A hybrid model for day-ahead price forecasting [J] . Power Systems, 2010 (3): 1519-1530.

[165] Ye, M.. et al.. A short-run crude oil price forecast model with Ratchet effec [J] . Atlantic Economic Journal, 2009 (1): 37-50.

[166] Ye, M.. J. Zyren, and J. Shore. Forecasting crude oil spot price using OECD petroleum inventory levels [J] . International Advances in Economic Research, 2002 (4): 324-333.

[167] Ye, M.. J. Zyren and J. Shore. Forecasting short-run crude oil price using high- and low-inventory variables [J] . Energy Policy, 2006 (17): 2736-2743.

[168] Zamani, M. An econometrics forecasting model of short term oil spot price [C] . The 6th IAEE European Conference, Iran , 2004, Citeseer.

[169] Zhao Guohao, Zhu Meifeng. Forecasting the Coke Price Based on Kalman Filtering Algorithm. The 2nd International Congress on Social Sciences and Business, 28-30 August, 2013: 15-21.

[170] Zhu Meifeng, Zhao Guoha. A Empirical Study on Energy Consumption and Econo-

my Growth in Shanxi based on ECM, Proceedings of International Seminar on Resources-based Economy Transformation. June 16, 2012: 80-84.

[171] Zhu Meifeng, Zhao Guohao. External Conditions Analysis of Coal Comprehensive Utilization Based on Low Carbon Economy. Advanced Materials Research Vols. 524 - 527 (May, 2012): 3626-3630.

[172] Zivot, E. and D. W. K. Andrews. Further evidence on the great crash, the oil-price shock, and the unit-root hypothesis [J]. Journal of Business & Economic Statistics, 2002 (1): 25-44.